EL LIBRO
DE LA
IDENTIDAD

James John Alayo

Reservados todos los derechos. No se permite la reproducción total o parcial de esta obra, ni su incorporación a un sistema informático, ni su transmisión en cualquier forma o por cualquier medio (electrónico, mecánico, fotocopia, grabación u otros) sin autorización previa y por escrito de los titulares del copyright, excepto breves citas y con la fuente identificada correctamente. La infracción de dichos derechos puede constituir un delito contra la propiedad intelectual.

El contenido de esta obra es responsabilidad del autor y no refleja necesariamente las opiniones de la casa editora. Todos los textos e imágenes fueron proporcionados por el autor, quien es el único responsable por los derechos de los mismos.

"Las citas bíblicas de esta publicación han sido tomadas de la Reina-Valera 1960 ® © Sociedades Bíblicas en América Latina, 1960. Renovado © Sociedades Bíblicas Unidas, 1988. Utilizado con permiso. Reina-Valera 1960® es una marca registrada de Sociedades Bíblicas Unidas, y se puede usar solamente bajo licencia."

Publicado por Ibukku, LLC
www.ibukku.com
Diseño de portada: Ángel Flores Guerra Bistrain
Diseño y maquetación: Diana Patricia González Juárez
Copyright © 2024 James John Alayo
ISBN Paperback: 978-1-68574-844-9
ISBN Hardcover: 978-1-68574-846-3
ISBN eBook: 978-1-68574-845-6

Contenido

Introducción 5

Capítulo 1
La identidad la da el Espíritu Santo 7

Capítulo 2
Buscando nuestra identidad 15

Capítulo 3
Fuiste creado para tener tu propia identidad 27

Capítulo 4
Tres clases de identidad 33

Capítulo 5
La identidad humana y la identidad de Dios 43

Capítulo 6
Identidad interna e identidad externa 53

Capítulo 7
Nuestra personalidad no es nuestra identidad 61

Capítulo 8
En una nueva identidad viene algo nuevo de parte de Dios ... 69

Capítulo 9
Perder para ganar 77

Capítulo 10
El adversario no quiere que tengas identidad 87

Capítulo 11
Nuestra identidad es una gracia de Dios 93

Introducción

Todo genuino cristiano debe tener una identidad genuina y única, y esa identidad única y genuina no la va a obtener por hacer lo que otros cristianos hacen, o por querer parecerse a otros cristianos. Esa identidad la va a poder obtener porque es el Espíritu Santo quien se la dará.

La identidad que cada cristiano tiene le es dada por Dios, y Dios usará su Palabra y su Espíritu para dársela.

Es por ese motivo que cada hombre o mujer de Dios fue diferente uno del otro, no solo por la diferencia de su llamado, sino que además cada uno de ellos en su llamado tuvo un propósito diferente y una identidad diferente el uno del otro.

Cada genuino cristiano tiene que buscar su propia identidad, y esa identidad solo se la dará Dios a través de su Espíritu.

Capítulo 1
La identidad la da el Espíritu Santo

Todo genuino cristiano tendrá su propia identidad. Esa identidad no la obtendrá por hacer lo que otros cristianos hacen, o por querer parecerse a otros; esa identidad la obtendrá porque se la dará el Espíritu Santo.

La identidad que cada genuino cristiano debe tener le tiene que ser dada por Dios y su Espíritu.

Es por ese motivo que cada hombre o mujer de Dios fue diferente uno del otro, no solo por el llamado que tuvieron, sino que además de eso, todos y cada uno tuvo una identidad diferente.

Todo cristiano tiene que buscar su propia y única identidad, la cual le dará Dios por su Espíritu Santo y su Palabra.

¿Qué es la identidad?

La identidad son cualidades, rasgos, aptitudes o características de una persona que la van a distinguir de otra persona.

En la Biblia podemos ver algunos ejemplos de identidad:

"Entonces el ángel de Jehová habló a Elías tisbita, diciendo: Levántate, y sube a encontrarte con los mensajeros del rey de Samaria, y diles: ¿No hay Dios en Israel, que vais a consultar a Baalzebub dios de Ecrón? 4. Por tanto, así ha dicho Jehová: Del lecho en que estás no te levantarás, sino que ciertamente morirás. Y Elías se fue. 5. Cuando los mensajeros se volvieron al rey, él les dijo: ¿Por qué os habéis vuelto? 6. Ellos le respondieron: Encontramos a un varón que nos dijo: Id, y volveos al rey que os envió, y decidle: Así ha dicho Jehová: ¿No hay Dios en Israel, que tú envías a consultar a Baal-zebub dios de Ecrón? Por tanto, del lecho en que estás no te levantarás; de cierto morirás. 7. Entonces él les dijo: ¿Cómo era aquel varón que encontrasteis, y os dijo tales palabras? 8. Y ellos le respondieron: Un varón que tenía vestido de pelo, y ceñía sus lomos con un cinturón de cuero. Entonces él dijo: Es Elías tisbita".
2 Reyes 1:3-8

El rey Ocozías reconoció que había sido Elías quien se había encontrado con sus mensajeros, debido a características que tenía el profeta Elías, por su forma de vestir, su cabello, etc.

Una persona de esa época, de ese tiempo no se vestía de la manera en que se vestía Elías, no hablaba de la manera en que hablaba Elías, con la certeza y claridad de sus palabras.

Esa forma de vestir y de expresarse eran propias del profeta Elías, esa era su identidad.

El profeta Elías, antes de ser llamado por Dios, era probablemente como las demás personas donde vivía. Probablemente su vestimenta, su forma de hablar, sus palabras, eran como las de su pueblo, pero Dios al llamarlo para ser un profeta le dio una identidad diferente, una identidad única. Nadie era como Elías. Ahora él era un profeta, y Dios le dio una nueva identidad. Ahora sería conocido por ser el profeta Elías.

Veamos el ejemplo del profeta Eliseo:

"19. Partiendo él de allí, halló a Eliseo hijo de Safat, que araba con doce yuntas delante de sí, y él tenía la última. Y pasando Elías por delante de él, echó sobre él su manto. 20. Entonces dejando él los bueyes, vino corriendo en pos de Elías, y dijo: Te ruego que me dejes besar a mi padre y a mi madre, y luego te seguiré. Y él le dijo: Ve, vuelve; ¿qué te he hecho yo? 21. Y se volvió, y tomó un par de bueyes y los mató, y con el arado de los bueyes coció la carne, y la dio al pueblo para que comiesen. Después se levantó y fue tras Elías, y le servía".
1 Reyes 19:19-21

En este caso podemos observar que Eliseo era un hombre que trabajaba en el campo, pero cuando el profeta Elías, guiado por Dios y por su Espíritu, llama a Eliseo y Eliseo deja todo lo que tenía y sigue a Elías. ¿Por qué razón? Porque Eliseo sería el próximo profeta. ¿Quién se quedaría en el lugar de Elías? Eliseo ahora comenzaría a ser moldeado por el Espíritu Santo para ser el próximo profeta y el sucesor de Elías.

Así como Elías tenía su propia identidad como profeta de Dios, así también Eliseo formado y ayudado por el Espíritu Santo de Dios debía tener su propia identidad.

Cada cristiano es único

Cada cristiano debe tener, y necesita tener, su propia identidad. Así como el profeta Elías y el profeta Eliseo, usted y yo necesitamos ser moldeados por el Espíritu Santo de Dios para tener nuestra propia identidad.

Cuando un cristiano no tiene su propia identidad, puede desear parecerse a otros cristianos, y querrá imitar formas o actitudes de otra persona.

Esta carencia de identidad en un cristiano puede deberse a que esta persona necesita ser moldeada, tratada por el Espíritu Santo, para que el Espíritu Santo forme en él la identidad que Dios le quiere dar.

Un cristiano que tiene falta de identidad, y que no la busca en Dios, la buscara fuera de Él y fuera de Su voluntad, ya que al no tener la suya propia como hijo o hija de Dios, querrá parecerse, querrá ser lo que él o ella creen que deben ser, pero no porque esa sea la voluntad de Dios, sino porque la persona por su propia voluntad quiere y elige como ser.

Para tener la identidad que Dios por su Espíritu Santo nos quiere dar, es necesario entrar al proceso de Dios, en el trato con Dios, y permanecer, pasar ese proceso correctamente.

Solo así podremos ser formados y tendremos la identidad de Dios para nuestras vidas.

"1. De manera que yo, hermanos, no pude hablaros como a espirituales, sino como a carnales, como a niños en Cristo. 2. Os di a beber leche, y no vianda; porque aún no erais capaces, ni sois capaces todavía, 3. porque aún sois carnales; pues habiendo entre vosotros celos, contiendas y disensiones, ¿no sois carnales, y andáis como hombres? 4. Porque diciendo el uno: Yo ciertamente soy de Pablo; y el otro: Yo soy de Apolos, ¿no sois carnales? 5. ¿Qué, pues, es Pablo, y qué es Apolos? Servidores por medio de los cuales habéis creído; y eso según lo que a cada uno concedió el Señor.".
1 Corintios 3:1-5

En esta escritura podemos ver que había contiendas y desacuerdos entre los hermanos de Corinto.

Algunos decían: "Yo soy de Pablo", y otros: "Yo soy de Apolos".

Estos hermanos estaban tomando una identidad, ya sea la de Pablo o la de Apolos, para identificarse con ese nombre, y ser conocidos por ser parte de alguno de ellos.

Pablo y Apolos eran hombres de Dios con una identidad que les fue dada por el Espíritu Santo.

Cuando un cristiano sabe cuál es su identidad como hijo de Dios, no se identificará con un nombre, o con algo similar, sino que se identificará como lo hizo el Apóstol Pablo o Apolos; se identificará con lo que Dios le ha dado, se identificará y será conocido por lo que es en Cristo Jesús. Sabrá cuál es su posición en el cuerpo de Cristo, y al saber todo ello, no tendrá necesidad de tomar algo de otros para él o ella misma, porque Dios ya le ha dado lo que es suyo, su identidad propia, genuina y única.

"De manera que yo, hermanos, no pude hablaros como a espirituales, sino como a carnales, como a niños en Cristo".
1 Corintios 3:1

El Apóstol Pablo les dice a estos hermanos que son inmaduros, como niños, porque aún no tenían identidad propia, sino que necesitaban tomar el nombre de alguien que tuviera su propia identidad, y tomarse de ese nombre.

Ellos todavía necesitaban ser moldeados y tratados por el Espíritu Santo para tener su propia identidad.

Del mismo modo si usted o yo no tenemos una identidad que provenga de Dios, dada por su Espíritu Santo, buscaremos fuera de Él, y ese molde, ese ejemplo que tendremos no será de Dios, sino humano. Al tomar esa identidad de otros hermanos en la Fe, nunca llegaremos a ser lo que Dios quiere que seamos. Cada hijo de Dios, cada cristiano es único y cada uno tiene su propia identidad.

Las Escrituras nos relatan en el evangelio de Juan acerca de la declaración de Juan el Bautista:

"Respondió Juan y dijo: No puede el hombre recibir nada, si no le fuere dado del cielo".
Juan 3:27

La identidad de un genuino cristiano viene de arriba, del cielo.

Cuando queremos ser como otros cristianos, estamos deseando tener lo que Dios le dio a esta persona, pero así como Dios le dio su propia identidad a este cristiano, así Dios tiene una identidad propia y única para usted y para mí.

Si queremos imitar la identidad de otro cristiano, posiblemente nunca conozcamos cuál es nuestra identidad, ya que al copiarnos de alguien más nos cegaremos, y no podremos saber y conocer la identidad que Dios quiere darnos.

Muchos cristianos están atrapados en la identidad de otra persona, y no logran descubrir lo que Dios tiene para ellos, porque piensan que esa es su identidad y porque creen que ya han alcanzado su identidad.

Como ejemplo podemos ver cuando en el mundo una persona desea parecerse a otra físicamente. Esta persona imita su forma de vestir, y aún puede hacerse un cambio en su cuerpo usando cirugía; todo por lograr parecerse a otra persona exteriormente, sin embargo, en su interior esta persona es otra muy diferente de aquella a la cual intenta imitar.

Hay una identidad humana que todo ser humano tiene, pero al conocer a Dios debemos ser tratados, moldeados para obtener la identidad que Dios quiere que tengamos, y esa identidad solo nos la puede dar el Espíritu Santo de Dios.

La identidad en un cristiano es dada por Dios, por su Espíritu.

Capítulo 2
Buscando nuestra identidad

Cuando un bebé llega a este mundo, tiene un proceso de crecimiento y debe pasar por este proceso. Ese proceso de crecimiento y desarrollo consta de 2 áreas:

1. Área física
2. Área mental (interna)

En el área física el niño pasará por diferentes procesos y etapas de su crecimiento, y su cuerpo tendrá muchos cambios hasta llegar a su desarrollo pleno.

De acuerdo a su edad, su cuerpo irá cambiando, y sus características físicas estarán en un constante cambio hasta madurar completamente.

En el área mental será de manera similar. De pequeño querrá jugar y explorar mucho, no tendrá responsabilidades o preocupaciones. Se sentirá libre y muy espontáneo, pero mientras irá creciendo y cambiando, comenzará a pensar de manera diferente, tendrá más responsabilidades, y luego cuando ya sea joven o adulto, sus pensamientos deberían ser más claros y estar más capacitados para tomar decisiones.

Pero no siempre todo ser humano al pasar por esos procesos físicos y mentales llegará a ser como debería ser a la edad en que debería ser. Algunas personas no llegarán a ser completamente maduros en su intelecto, en su mentalidad. Esto puede suceder por muchísimas razones, y es por esa razón que no todos los seres humanos tenemos el mismo coeficiente intelectual, la misma inteligencia o capacidad mental.

De la misma manera en el área física, hay personas que nacen con alguna deficiencia física, otras en el transcurso de su vida pudieron haber pasado por situaciones tales como accidentes o enfermedades que provocaron que su cuerpo ya no fuese el mismo que antes de ese accidente o enfermedad.

Esto también ocurre en los cristianos.

Cuando un cristiano nace de nuevo, en el evangelio tendrá que pasar un proceso con el Espíritu Santo, en el cual el Espíritu Santo trabajará con esta persona que ha nacido de nuevo por el Espíritu, para darle una nueva identidad.

Muchos cristianos tenemos que ser sanados, reparados en nuestro interior, en nuestra mente y en nuestros sentimientos. Dios trabajará con cada uno de nosotros de la forma y en el área que necesitamos.

Así como en el mundo cuando nace un niño, hay un proceso de cambios internos y externos durante su crecimiento, así también sucede en la vida de un cristiano cuando este se convierte a Cristo Jesús. Comenzará un proceso de cambio y de crecimiento espiritual, y será el Espíritu Santo de Dios quien trabajará con esta persona en las áreas que sea necesario.

Algunas personas necesitarán cambiar más en algún área, mientras que otros cristianos necesitarán cambiar más en otras áreas de su vida, de su personalidad.

En el mundo las personas buscan una identidad, y esa identidad es terrenal, de este mundo, alineada al príncipe de este mundo.

"3. Pero si nuestro evangelio está aún encubierto, entre los que se pierden está encubierto; 4. en los cuales el dios de este siglo cegó el entendimiento de los incrédulos, para que no les resplandezca la luz del evangelio de la gloria de Cristo, el cual es la imagen de Dios".
2 Corintios 4:3-4

Los cristianos tenemos que buscar nuestra propia identidad con la ayuda de Dios, por su Palabra y su Espíritu Santo.

"Porque somos hechura suya, creados en Cristo Jesús para buenas obras, las cuales Dios preparó de antemano para que anduviésemos en ellas".
Efesios 2:10

"Pero la unción que vosotros recibisteis de él permanece en vosotros, y no tenéis necesidad de que nadie os enseñe; así como la unción misma os enseña todas las cosas, y es verdadera, y no es mentira, según ella os ha enseñado, permaneced en *él".*
1 Juan 2:27

Todo cristiano genuino nacerá de nuevo por el Espíritu de Dios (Juan 3:1-10), luego de ese nacimiento pasará por un proceso de desarrollo y crecimiento espiritual, y en ese proceso de desarrollo y crecimiento espiritual este hombre o mujer, cristiano(a), tendrá que buscar su propia identidad.

Algunos cristianos conocerán esa identidad más rápido que otros, otros tardarán más. Eso dependerá de su entrega a Dios y de su comunión con Él, a través de su Palabra y su Espíritu.

Veamos qué nos dicen las Escrituras:

"11. Acerca de esto tenemos mucho que decir, y difícil de explicar, por cuanto os habéis hecho tardos para oír. 12. Porque debiendo ser ya maestros, después de tanto tiempo, tenéis necesidad de que se os vuelva a enseñar cuáles son los primeros rudimentos de las palabras de Dios; y habéis llegado a ser tales que tenéis necesidad de leche, y no de alimento sólido. 13. Y todo aquel que participa de la leche es inexperto en la palabra de justicia, porque es niño; 14. pero el alimento sólido es para los que han alcanzado madurez, para los que por el uso tienen los sentidos ejercitados en el discernimiento del bien y del mal".
Hebreos 5:11-14

El escritor, inspirado por el Espíritu de Dios, exhorta a la iglesia y les señala que aunque ya muchos (los que han sido llamados) deberían ser maestros, aún no lo son. Eso nos da a entender que muchos de estos hermanos todavía estaban en un proceso de aprendizaje y crecimiento espiritual, y que aún no habían llegado a ser lo que estaban llamados a ser.

Muchos hijos de Dios, cristianos, aún después de muchos años todavía están buscando su identidad, pero ya deberían tener una identidad como hijos de Dios, en el cuerpo de Cristo, pero por su falta de comunión con Dios por su Palabra y Espíritu, o por no haberse entregado totalmente a Dios, aún están en el camino y todavía no han crecido espiritualmente en muchas áreas de su vida, incluyendo en el área de su identidad como hijos de Dios.

Como cristianos debemos tener una identidad y esa identidad nos la dará Dios, y Dios usará su Palabra y su Espíritu Santo, usará situaciones de la vida o revelaciones para darnos esa identidad.

Jesús al venir a este mundo tenía una identidad muy definida, Él sabía quién era, el motivo por el cual había venido a este mundo, su propósito y su misión.

"36. Respondió Jesús: Mi reino no es de este mundo; si mi reino fuera de este mundo, mis servidores pelearían para que yo no fuera entregado a los judíos; pero mi reino no es de aquí. 37. Le dijo entonces Pilato: ¿Luego, eres tú rey? Respondió Jesús: Tú dices que yo soy rey. Yo para esto he nacido, y para esto he venido al mundo, para dar testimonio a la verdad. Todo aquel que es de la verdad, oye mi voz".
Juan 18:36-37

¿Qué sucede si no buscamos nuestra propia identidad en Dios?

Cuando un cristiano no busca su identidad con la ayuda de Dios para descubrir su misión y cuál es su propósito, corre el riesgo de buscar su identidad como lo hacen las personas que no conocen a Dios. Estas personas miran lo que hacen otras personas, observan cómo son y copian eso o hacen algo parecido.

Dios puede llamar a alguien con un propósito y un plan específico, pero si esta persona que fue llamada no sabe cuál es el propósito de Dios para su vida hará lo que hacen otras personas o sino acabará frustrada por no saber lo que debe hacer como hijo de Dios, por no conocer el propósito de Dios para su vida.

"13. Pero algunos de los judíos, exorcistas ambulantes, intentaron invocar el nombre del Señor Jesús sobre los que tenían espíritus malos, diciendo: Os conjuro por Jesús, el que predica Pablo. 14. Había siete hijos de un tal Esceva, judío, jefe de los sacerdotes, que hacían esto. 15. Pero respondiendo el espíritu malo, dijo: A Jesús conozco, y sé quién es Pablo; pero vosotros, ¿quiénes sois? 16. Y el hombre en quien estaba el espíritu malo, saltando sobre ellos y dominándolos, pudo más que ellos, de tal manera que huyeron de aquella casa desnudos y heridos".
Hechos 19:13-16

Claramente estos hombres judíos no habían sido dirigidos por Dios para hacer esa acción. Ellos querían hacer lo que el apóstol Pablo o el Señor Jesús hacían; y al intentar hacerlo no les resultó bien, debido a que el Espíritu Santo no los respaldó con su poder para llevar a cabo esa acción.

Muchos cristianos hacen o quieren hacer lo que ven hacer a otros cristianos, y eso es porque aún no tienen identidad.

En el cristianismo cada creyente tiene una identidad individual y única dada por el Espíritu Santo.

"Porque somos hechura suya, creados en Cristo Jesús para buenas obras, las cuales Dios preparó de antemano para que anduviésemos en ellas".
Efesios 2:10

Las obras que un cristiano hace, como las que hacía el apóstol Pablo o los profetas del Antiguo Testamento, eran parte de su identidad; del mismo modo las obras que cada cristiano hace son parte de su identidad.

Lo que hacemos como hijos de Dios es algo que Dios ha preparado para cada hijo individualmente.

Es por esa razón que los hijos de Esceva (Hechos 19:13-16) no pudieron liberar a este hombre endemoniado, porque no fueron llamados para hacer eso, no formaba parte de sus identidades. Estaban intentando hacer algo que no les fue concedido a ellos. Esas obras eran parte de la identidad del apóstol Pablo o del Señor Jesús, y ellos quisieron copiar, por esa razón no les resultó bien la obra que intentaron hacer.

Cada genuino cristiano tiene diferentes dones o ministerios, dados según la voluntad del Espíritu Santo (1 Corintios 12), y eso será de acuerdo al propósito eterno que Dios tiene para cada uno. Ese don, o ese ministerio es una parte de la identidad de un cristiano, es por esa razón que podemos ver en la Biblia a los apóstoles de Jesús, o a los profetas del Antiguo Testamento, que cada uno tenía diferentes dones o ministerios, y también que cada uno individualmente hizo diferentes señales. Lo que cada uno hacía era único para su llamado y propósito, y eso era parte de su propia identidad.

Cuando no buscamos nuestra identidad como hijos de Dios, haremos cosas o querremos hacer señales que no se nos han sido dadas o repartidas por el Espíritu Santo.

Si una persona fue llamada para ser evangelista o para ser pastor, pero si no sabe para qué le ha llamado Dios, y al no conocer cuál es el plan, el propósito de Dios para su vida, esta persona puede hacer otras obras para las cuales Dios no la ha llamado.

Cuando no tenemos comunión con el Espíritu Santo, cuando no leemos y meditamos la Palabra de Dios, cuando no la practicamos, estaremos separados de Dios y de su voluntad, y seremos cristianos con falta de identidad.

En el camino de Dios hay diferentes etapas

Cuando un niño nace, tiene ciertas costumbres y actitudes, luego, según va creciendo irá teniendo otras actitudes, formas de pensar y de hacer las cosas. Eso es parte de esta persona, parte de su crecimiento, parte de su desarrollo físico y emocional.

Así también cuando un cristiano nace, tiene ciertas actitudes, y mientras va creciendo más, va cambiando su perspectiva de ver la vida cristiana; es más maduro, y si esta persona cristiana ha estado en constante comunión con Dios por su Palabra y su Espíritu, irá creciendo espiritualmente muchísimo más.

Después, cuando sea más adulto, será más maduro en el cristianismo, conocerá y sabrá mucho más.

Dios puede llamar a alguien para ser predicador, profeta y maestro, o también puede llamar a alguien solo para tener un ministerio, por ejemplo, pastor, y luego también puede darle algún don espiritual (1 Corintios 12). Pero Dios al llamar a este cristiano para un ministerio como el de pastor, esta persona tendrá esa identidad en esa etapa de su vida, pero Dios la puede llamar más adelante a otro ministerio además del ministerio que ya tenía; por ejemplo, para profeta (y también le dará la unción de profeta). Con ese nuevo llamado, ahora este varón llamado por Dios, ya no solo se identificará como pastor, sino también como profeta.

Cuando Dios me llamó para predicar su palabra, nunca me reveló que unos años más tarde yo tendría otro ministerio. Al comienzo Él solo me dijo "predica", y me lo habló de muchísimas formas. Así que yo comencé a hacer lo que Él me dijo, predicar. Por más de 12 años yo predicaba donde Dios me llevaba. Era evangelista, me identificaba como evangelista, y todos los que me conocían me conocían como el evangelista James.

Pasados 12 años Dios comenzó a usarme en profecías, y mi llamado profético empezó a desarrollarse. Después de un tiempo más, Dios me llamó y me habló para ser pastor.

En cada etapa de cada llamado que Dios me fue dando, yo me identificaba con ese llamado, y esa era mi identidad.

Cuando era evangelista, yo me identificaba como evangelista, esa era mi identidad. Después, al Dios usarme proféticamente, ya no me identificaba únicamente como evangelista, sino también en mi llamado profético. Mi identidad, además de ser evangelista, también tomaba esa línea profética, se iban acoplando esos ministerios en mí. Luego, al Dios llamarme y confirmarme como pastor, mi identidad se alineó, se unió a esa nueva dirección de Dios para mi vida.

Dios puede llamar a alguien para ser un evangelista, y en un tiempo más futuro, Dios puede llamar a esta misma persona para ser profeta, pero si esta persona no tiene comunión con Dios a través de su Palabra y su Espíritu, esta persona puede pensar y creer que es únicamente un evangelista y no un profeta; y aun se puede limitar y limitar el llamado de profeta que tiene y no desarrollarlo correctamente por falta de comunión con el Espíritu Santo y la Palabra de Dios.

En el cristianismo hay etapas, así como en el mundo natural un bebé, un niño, y un joven, son diferentes, y en cada etapa de sus vidas y crecimiento tienen diferentes cualidades que los identifican de acuerdo a la edad que tienen, así también en nuestro crecimiento espiritual hay etapas, y en cada etapa de nuestra vida cristiana Dios puede darnos un don o un ministerio, y nosotros caracterizarnos con él, identificarnos, ser conocidos por eso.

Por ejemplo: un bebé no puede ser conocido o tener la identidad de un niño, y un niño tampoco tiene o debería tener la identidad de un joven, o de un bebé, a menos que algo no ande bien en esta persona, o no se haya podido desarrollar correctamente por alguna circunstancia.

Veamos una escritura:

"12. Porque debiendo ser ya maestros, después de tanto tiempo, tenéis necesidad de que se os vuelva a enseñar cuáles son los primeros rudimentos de las palabras de Dios; y habéis llegado a ser tales que tenéis necesidad de leche, y no de alimento sólido. 13. Y todo aquel que participa de la leche es inexperto en la palabra de justicia, porque es niño; 14. pero el alimento sólido es para los que han alcanzado madurez, para los que por el uso tienen los sentidos ejercitados en el discernimiento del bien y del mal".
Hebreos 5:12-14

Si no estamos en comunión con Dios por su Palabra y su Espíritu, no vamos a crecer correctamente, pero, si estamos en una comunión constante con el Espíritu de Dios y su Palabra, creceremos correctamente y encontraremos nuestra identidad.

"Cuando yo era niño, hablaba como niño, pensaba como niño, juzgaba como niño; mas cuando ya fui hombre, dejé lo que era de niño".
1 Corintios 13:11

Es el Espíritu de Dios quien trabajará con nosotros para darnos nuestra identidad.

Si estamos cerca de Dios seremos lo que Él quiere que seamos, sabremos lo que Él quiere que sepamos, y haremos lo que Él quiera que hagamos.

Es muy importante que cada genuino cristiano busque su identidad; porque esa identidad que Dios quiere que tengamos es lo que realmente Él quiere que seamos. Si no buscamos y no tenemos una identidad genuina de Dios estaremos incompletos. Busca tu identidad en Dios.

Capítulo 3
Fuiste creado para tener tu propia identidad

Cada hijo de Dios individualmente fue creado para tener su propia identidad.

Antes de convertirnos en seguidores de Cristo, cuando estábamos en el mundo éramos conocidos por ser de cierta manera; esa era nuestra identidad. Algunos éramos conocidos por ser bebedores de vino, de licor, otros posiblemente porque les gustaba discutir, pelear, etc.

Eso éramos algunos de nosotros cuando estábamos en el mundo, esa era nuestra identidad, nuestra carta de presentación; pero al llegar nosotros al camino de Dios, por su soberana y gran misericordia Él nos cambió para darnos una nueva identidad.

Esa identidad no es como la del mundo, tampoco es como la de otros hijos de Dios. Es una identidad única que Dios da a cada uno de sus hijos y esa identidad que Él nos da irá de acuerdo a su propósito para nuestra vida.

"Y sabemos que a los que aman a Dios, todas las cosas les ayudan a bien, esto es, a los que conforme a su propósito son llamados".
Romanos 8:28

Nuestra identidad como hijos de Dios no está basada en otros cristianos, es decir, la base de nuestra identidad no puede, no debería estar basada en hacer lo que hacen otros cristianos. La base de nuestra identidad tiene que estar basada en Jesucristo, en nosotros querer ser como Él quiere que seamos, y eso lo lograremos a través de su Palabra, por su Espíritu, en nuestra comunión y relación con Dios.

La nueva identidad que cada genuino cristiano tendrá está cimentada y basada en la Palabra de Dios y la ayuda, la revelación y la dirección del Espíritu Santo.

"Porque somos hechura suya, creados en Cristo Jesús para buenas obras, las cuales Dios preparó de antemano para que anduviésemos en ellas".
Efesios 2:10

Veamos el ejemplo de Jesús, el Mesías:

En el libro de Isaías, capítulo 53, la Biblia nos habla de que el Mesías había de venir al mundo. En todo este capítulo se nos revelan muchas características de cómo sería la vida del Mesías, su propósito y su vida en la Tierra. Esa era la identidad del Cristo, del Mesías que iba a venir a la Tierra, y muchos de los que reconocieron que Jesús era el Mesías, supieron que era Él porque en Él se cumplió esta profecía escrita, incluyendo todas las cualidades descritas en aquella profecía. Además de todo eso, Jesús declaró para qué había venido a este mundo y cuál era su propósito.

Esta fue la identidad de Jesús, el Mesías, mientras estuvo en carne propia en este mundo.

Nadie más podía hacer lo que hizo Jesús, porque esas señales estaban reservadas únicamente para el Mesías, esas señales lo iban a identificar como el Mesías. Eran propias y únicas de Él, eran parte de su identidad.

Así mismo cada uno de nosotros fuimos creados para ser únicos, y fuimos creados para una misión y para un propósito.

Pero si no conocemos para qué hemos sido creados y llamados, tendremos una identidad, pero será una identidad incompleta, porque tendremos falta de su conocimiento, y nos veremos obligados a hacer o a imitar lo que hacen otras personas.

Si Jesús, el Cristo, el Mesías, no hubiera tenido una identidad, ¿qué hubiera sucedido? ¿Hubiera tenido que hacer lo que hacían los demás líderes religiosos de su tiempo? ¿Hubiera tenido que ser y llevar su ministerio como lo hacían otros en su tiempo?

Esto es lo que hacen muchos seguidores de Cristo que aún no tienen identidad, ver e imitar lo que hacen otras personas.

Veamos otro ejemplo de identidad propia:

"1. En aquellos días vino Juan el Bautista predicando en el desierto de Judea, 2. y diciendo: Arrepentíos, porque el reino de los

cielos se ha acercado. 3. Pues este es aquel de quien habló el profeta Isaías, cuando dijo: Voz del que clama en el desierto: Preparad el camino del Señor, enderezad sus sendas. 4. Y Juan estaba vestido de pelo de camello, y tenía un cinto de cuero alrededor de sus lomos; y su comida era langostas y miel silvestre".
Mateo 3:1-4

El profeta Juan el Bautista fue enviado por Dios para bautizar (Juan 1:33), pero la Biblia no registra alguna sanidad o milagro hecho por él. También podemos ver que tenía una manera de vestir muy particular de él.

"Y muchos venían a él, y decían: Juan, a la verdad, ninguna señal hizo; pero todo lo que Juan dijo de este, era verdad".
Juan 10:41

Aunque Juan Bautista era un rabino (Juan 3:26), él no se vestía de la manera en que se vestían los rabinos de aquella época. Incluso su alimentación era muy diferente a la de todos (Marcos 1:6).

Todo lo que el profeta Juan Bautista hizo en el tiempo de su ministerio, su vestimenta, su comida, la forma en que predicaba y los bautismos que él realizaba eran por voluntad de Dios.

El profeta Juan Bautista no hizo lo que algún otro profeta hubiera hecho antes de él, o en el tiempo de su ministerio, sino que Juan hizo lo que Dios lo envió a hacer y de la manera en que Dios le dijo que lo hiciera (Juan 1:33).

Los genuinos cristianos como hijos de Dios recibiremos nuestra identidad de Dios, y Él hará un cambio de identidad en nosotros y desecharemos la antigua identidad que teníamos en el mundo para tener la nueva identidad que Dios nos dará por su Espíritu Santo.

"9. ¿No sabéis que los injustos no heredarán el reino de Dios? No erréis; ni los fornicarios, ni los idólatras, ni los adúlteros, ni los afeminados, ni los que se echan con varones, 10. ni los ladrones, ni los avaros, ni los borrachos, ni los maldicientes, ni los estafadores, heredarán el reino de Dios. 11. Y esto erais algunos; mas ya habéis sido lavados, ya habéis sido santificados, ya habéis sido justificados en el nombre del Señor Jesús, y por el Espíritu de nuestro Dios".
1 Corintios 6:9-11

Como hijos de Dios, nuestro ejemplo a seguir es Jesús, el Cristo mismo.

"hasta que todos lleguemos a la unidad de la fe y del conocimiento del Hijo de Dios, a un varón perfecto, a la medida de la estatura de la plenitud de Cristo;".
Efesios 4:13

Ahora veremos otro ejemplo más acerca de la identidad propia:

"Y le dijo: ¡Sansón, los filisteos sobre ti! Y luego que despertó él de su sueño, se dijo: Esta vez saldré como las otras y me escaparé. Pero él no sabía que Jehová ya se había apartado de él".
Jueces 16:20

La fuerza de Sansón era parte de la identidad que él tenía. Sansón era conocido por los filisteos por tener una gran fuerza, y ellos le temían por aquella razón.

Cuando recordamos a Sansón o lo identificamos en la Biblia, no es únicamente por su nombre o porque tenía su cabello largo, sino que identificamos a Sansón por la gran fuerza que él tenía. Sin embargo, Sansón perdió esa fuerza cuando desobedeció a Dios.

Dios hizo un pacto con Sansón aún antes de que él naciera, y Sansón debía de cumplir ese pacto, de lo contrario él perdería su fuerza como sucedió cuando le cortaron su cabello.

"Pues he aquí que concebirás y darás a luz un hijo; y navaja no pasará sobre su cabeza, porque el niño será nazareo a Dios desde su nacimiento, y él comenzará a salvar a Israel de mano de los filisteos". Jueces 13:5

Sansón al perder su fuerza por desobedecer a Dios, también perdió su identidad, y lo mismo puede sucedernos a nosotros si nos separamos de Dios.

La fuerza de Sansón fue parte de su identidad, y esa fuerza le fue dada por Dios, por su Espíritu Santo.

Así como Sansón tenía su propia y única identidad con algo que lo caracterizaba y lo hacía único, así también usted y yo hemos sido creados para tener nuestra propia identidad.

Fuiste creado para tener tu propia identidad.

Capítulo 4
Tres clases de identidad

Hay tres clases de identidad que una persona podría tener:

1. La identidad humana
2. La identidad espiritual maligna
3. La identidad que viene de Dios

1. Identidad humana

Una persona podría tener una identidad y esa identidad ser creada por él o ella misma.

Cuando una persona copia actitudes de otras personas o la forma de ser de otras personas, esta persona al hacer eso está queriendo tomar la identidad de esas otras personas, y podría llegar a tener una identidad, pero esa identidad no es genuina, ya que no le pertenece a él o a ella, pues esta persona es como es porque vio a otras ser así, y quiere ser igual.

Por otra parte, al copiar la identidad de otra persona, su forma de ser, actitudes, etc., esa identidad que adoptó será temporal ya que nosotros los hombres tenemos diferentes etapas en nuestra vida, diferentes edades, y en cada etapa en nuestra vida cambiaremos, ya sea exteriormente o en nuestra forma de pensar, en nuestros intereses. Y esto ocurre debido a las diferentes etapas de la vida que tenemos los seres humanos.

Primero somos bebés, luego niños, después llega la pubertad, la juventud, la adultez y por último la vejez. En cada una de esas etapas va a cambiar nuestro cuerpo exterior, cambiará nuestra perspectiva de la vida, y también cambiarán nuestros intereses.

En la niñez vamos a querer jugar, en la adolescencia y en la juventud nuestros intereses serán distintos, y de igual manera en la vida adulta también cambiaremos.

Entonces si una persona copia algo de otras personas, esta persona que ha copiado no será genuina, por muchísimas razones. Una de esas razones es que las personas son cambiantes, y aun si imita algo de una persona cristiana, ¿cómo podría saber que esta persona no ha copiado a otra persona? Y aun si esta persona no ha copiado a nadie más, sino que tiene una identidad genuina, quien le imita no será genuina. Todos somos únicos, con diferentes llamados, diferentes propósitos y diferentes dones.

Si queremos ser y hacer lo que otro genuino cristiano hace, no podremos conocer nuestra propia identidad, ya que estaremos adoptando una identidad que no es nuestra y que no nos ha sido dada por Dios.

La identidad humana no ha sido dada por Dios, sino que viene por voluntad del hombre.

2. Identidad espiritual maligna

Hay personas que llegan a tener una identidad dada por demonios, por espíritus malignos.

La persona poseída o influenciada por estas entidades demoniacas será conocida por esa identidad.

"26. Y arribaron a la tierra de los gadarenos, que está en la ribera opuesta a Galilea. 27. Al llegar él a tierra, vino a su encuentro un hombre de la ciudad, endemoniado desde hacía mucho tiempo; y no vestía ropa, ni moraba en casa, sino en los sepulcros. 28. Este, al ver a Jesús, lanzó un gran grito, y postrándose a sus pies exclamó a gran voz: ¿Qué tienes conmigo, Jesús, Hijo del Dios Altísimo? Te ruego que no me atormentes. 29. (Porque mandaba al espíritu inmundo que saliese del hombre, pues hacía mucho tiempo que se había apoderado de él; y le ataban con cadenas y grillos, pero rompiendo las cadenas, era impelido por el demonio a los desiertos). 30. Y le preguntó Jesús, diciendo: ¿Cómo te llamas? Y él dijo: Legión. Porque muchos demonios habían entrado en él".
Lucas 8:26-30

Podemos ver a este hombre que tuvo un encuentro con Jesús. Este hombre estaba poseído, estaba endemoniado, y este hombre era conocido por toda esa región por ser como era, por sus actitudes, cualidades y características propias que tenía; pero la identidad que tenía este hombre, su forma de ser, se la habían dado los demonios que lo habían poseído al entrar en él.

Este hombre hacía y actuaba de cierta manera, pero no por voluntad propia, ni tampoco lo hacía impulsado por el Espíritu

Santo de Dios. Él era así porque los demonios que estaban en él lo impulsaban a ser de esa forma y a hacer lo que hacía, es decir, esa identidad le había sido dada por espíritus malignos.

Los espíritus malignos pueden influenciar a un ser humano para tomar actitudes y comportamientos inadecuados y aun fuera de su voluntad. Aun así la forma de ser de esta persona será parte de ella y será parte de su identidad personal.

Los espíritus, o demonios, pueden influenciar a una persona, pero también pueden poseerla así como fue la situación de este hombre gadareno.

En nuestro tiempo los psicólogos o psiquiatras llamarían "locos" a este tipo de personas que están influenciadas o poseídas por espíritus malignos, pero vemos que en realidad son personas que han perdido su identidad debido a posesión o influencia demoniaca. Y la identidad de estas personas será esa, ya que serán conocidos por ser de cierta manera, sin embargo, esa identidad que tienen viene de parte del mal.

También podemos ver que hay personas que por voluntad propia buscan ser influenciadas y poseídas por espíritus malignos. Podemos ver a los brujos, a los adivinos, etc. Estas personas voluntariamente escogieron ese camino, pero hay otras personas poseídas o influenciados en contra de su voluntad. Es por esa razón que todo cristiano debe tener cuidado de lo que ve, de lo que escucha, de lo que habla, de lo que piensa y a dónde va, porque satanás puede usar alguna de estas puertas para entrar a la vida de este cristiano e influenciarlo o poseerlo.

"26. Respondió Jesús: A quien yo diere el pan mojado, aquel es. Y mojando el pan, lo dio a Judas Iscariote hijo de Simón. 27. Y después del bocado, Satanás entró en él. Entonces Jesús le dijo: Lo que vas a hacer, hazlo más pronto".
Juan 13:26-27

En esta escritura podemos ver cómo satanás entró en Judas, pero Judas ya había abierto puertas espirituales anteriormente para que sea influenciado por satanás. Había abierto puertas espirituales porque él robaba las ofrendas.

"4. Y dijo uno de sus discípulos, Judas Iscariote hijo de Simón, el que le había de entregar: 5. ¿Por qué no fue este perfume vendido por trescientos denarios, y dado a los pobres? 6. Pero dijo esto, no porque se cuidara de los pobres, sino porque era ladrón, y teniendo la bolsa, sustraía de lo que se echaba en ella".
Juan 12:4-6

Es por esa razón que debemos cuidarnos mucho para no ser influenciados o poseídos como en estos casos mencionados anteriormente.

3. La identidad que viene de Dios

"1. Era Abram de edad de noventa y nueve años, cuando le apareció Jehová y le dijo: Yo soy el Dios Todopoderoso; anda delante de mí y sé perfecto. 2. Y pondré mi pacto entre mí y ti, y te multiplicaré en gran manera. 3. Entonces Abram se postró sobre su rostro, y Dios habló con él, diciendo: 4. He aquí mi pacto es contigo, y serás padre de muchedumbre de gentes. 5. Y no se llamará

más tu nombre Abram, sino que será tu nombre Abraham, porque te he puesto por padre de muchedumbre de gentes".
Génesis 17:1-5

Cuando Dios llama a Abraham, Dios le dice que sea íntegro, perfecto, también Dios le cambia el nombre que tenía (Abram), y le llama Abraham, diciéndole que hará de él una nación muy grande.

Dios al hacerle esas promesas a Abraham y al cambiarle el nombre, le había cambiado su identidad.

Abraham al venir de un pueblo que no conocía a Dios, tenía otras costumbres, y la gente de su pueblo lo conocía por ser de cierta manera, con ciertas cualidades y características. Pero Dios al llamarlo, darle promesas, cambiar su nombre y decirle que saliera del lugar en el cual vivía, Dios haría de él un nuevo hombre, con una nueva identidad.

Si hubiéramos conocido a Abraham antes que Dios se le revelara y lo llamara hubiéramos conocido a otro Abram. Actualmente conocemos a Abraham como el padre de la Fe.

Conocemos a Abraham tal y como lo conocemos según las Escrituras porque Dios lo llamó y le dio otra identidad, y eso mismo Dios hace con cada uno de nosotros, los que somos sus hijos, nos da otra identidad.

Si las personas antes nos conocían por haber sido delincuentes, estafadores, mentirosos, etc., ahora en Cristo Jesús, Dios por su Espíritu Santo, cambia nuestras vidas; es decir, que ahora somos conocidos por lo que Dios ha hecho en nuestra vida, ha cambiado nuestra antigua vida por una nueva vida; nos ha dado una nueva identidad en Él.

"*9. ¿No sabéis que los injustos no heredarán el reino de Dios? No erréis; ni los fornicarios, ni los idólatras, ni los adúlteros, ni los afeminados, ni los que se echan con varones, 10. ni los ladrones, ni los avaros, ni los borrachos, ni los maldicientes, ni los estafadores, heredarán el reino de Dios. 11. Y esto erais algunos; mas ya habéis sido lavados, ya habéis sido santificados, ya habéis sido justificados en el nombre del Señor Jesús, y por el Espíritu de nuestro Dios".*
1 Corintios 6:9-11

Veamos otro ejemplo de la identidad de Dios:

"*19. Partiendo él de allí, halló a Eliseo hijo de Safat, que araba con doce yuntas delante de sí, y él tenía la última. Y pasando Elías por delante de él, echó sobre él su manto. 20. Entonces dejando él los bueyes, vino corriendo en pos de Elías, y dijo: Te ruego que me dejes besar a mi padre y a mi madre, y luego te seguiré. Y él le dijo: Ve, vuelve; ¿qué te he hecho yo? 21. Y se volvió, y tomó un par de bueyes y los mató, y con el arado de los bueyes coció la carne, y la dio al pueblo para que comiesen. Después se levantó y fue tras Elías, y le servía".*
1 Reyes 19:19-21

Eliseo trabajaba en el campo, y posiblemente las personas de su lugar, de su pueblo, lo conocían como un hombre campesino que araba la tierra para sembrar y sustentarse.

Vemos que Eliseo tenía una identidad en su pueblo, y él era conocido por esa identidad, hasta el momento en que Dios por medio del profeta Elías lo llama para ser un profeta, y con ese llamado también le da una nueva identidad.

Antes de ser llamado por Dios, Eliseo araba la tierra, ahora Eliseo profetizaría. Antes era campesino y ahora sería un profeta, esa sería su nueva identidad.

Dios quiere darnos una identidad propia y única, así como lo hizo con el patriarca Abraham y el profeta Eliseo, a los cuales les dio una nueva identidad de acuerdo al llamado y al propósito que Dios tenía para cada uno de ellos. Así Dios quiere darnos una identidad por su Espíritu, y la obtendremos si permanecemos en su voluntad y en comunión con Él.

"4. Permaneced en mí, y yo en vosotros. Como el pámpano no puede llevar fruto por sí mismo, si no permanece en la vid, así tampoco vosotros, si no permanecéis en mí. 5. Yo soy la vid, vosotros los pámpanos; el que permanece en mí, y yo en él, este lleva mucho fruto; porque separados de mí nada podéis hacer".
Juan 15:4-5

Hay tres clases de identidad, y tendremos la identidad de aquello a lo cual estemos más enlazados.

Si estamos más enlazados con el mundo y a nosotros mismos, crearemos nuestra propia identidad o imitaremos a otros para parecernos a ellos y tener alguna identidad.

Si nos descuidamos y miramos al mundo, podría pasar algo más fuerte, podríamos ser influenciados por demonios o algo peor que ello si buscamos las cosas del mal. Esa influencia o posesión demoniaca proviene de espíritus malignos, así como el caso del endemoniado gadareno (Lucas 8:26-39).

Pero si estamos cerca de Dios, y nos mantenemos en su voluntad, tendremos una identidad dada por Dios mismo, a través de su Palabra y su Espíritu Santo.

La pregunta que nosotros podemos hacernos es esta: ¿Qué identidad queremos tener?

Capítulo 5
La identidad humana y la identidad de Dios

Todos los seres humanos al nacer somos únicos, todos al nacer tenemos nuestras propias características, actitudes y rasgos, las cuales nos definen y distinguen de otras personas.

Algunas personas al crecer, humanamente buscan tener una identidad, y en esa búsqueda de identidad copian a otras personas y quieren ser como ellos para así poder identificarse con ellos y tener una identidad. Pero si somos nosotros quienes hemos querido ser como otras personas, y no ha sido Dios quien nos ha dado esa identidad, no seremos aquello para lo que realmente hemos nacido, ¿por qué? Porque al buscar, ver y hacer lo que hacen otras personas seremos imitadores y no seremos genuinos.

Adoptaremos un poco de cada persona e iremos creciendo con una identidad fingida, formada por pedazos o partes de las identidades de otras personas, y aun es probable que estas personas hayan hecho lo mismo anteriormente, imitar a otros.

Una persona que ha copiado a alguien más para tener una identidad propia, no será genuina. Ante Dios esta persona será una persona sin una identidad propia.

Es por esa razón que cuando Dios viene a nuestras vidas, entraremos a un proceso con Dios para que Él nos forme y nos de nuestra identidad.

Dios nos ha creado para tener una identidad propia, es por esa razón que al ser hijos de Dios, Él nos forma, repara nuestra alma, cambia nuestra mente y nuestro interior como solo Él sabe hacerlo y nos hace como Él quiere que seamos.

Empezaremos como un bebé, a ver como Dios quiere que veamos y a ser como Dios quiere que seamos. Empezaremos a oír como Dios quiere que oigamos, a hablar lo que Él quiere que hablemos, a pensar como Él quiere que pensemos, a ir a donde Él quiere que vayamos y a hacer las cosas como Él quiere que las hagamos.

Comenzaremos a aprender poco a poco y seremos formados en nuestro espíritu con la ayuda del Espíritu Santo para tener la identidad que Dios nos quiere dar individualmente a cada uno.

En Dios, y con Dios, aprenderemos a ser como Dios quiere que seamos y seremos como Él quiere que seamos; y para ese propósito Dios usará su Palabra y el poder de su Espíritu.

"Lámpara es a mis pies tu palabra, y lumbrera a mi camino".
Salmos 119:105

"22. En cuanto a la pasada manera de vivir, despojaos del viejo hombre, que está viciado conforme a los deseos engañosos, 23. y renovaos en el espíritu de vuestra mente, 24. y vestíos del nuevo hombre, creado según Dios en la justicia y santidad de la verdad".
Efesios 4:22-24

Dios también usará su Espíritu para revelarnos:

"27. Pero la unción que vosotros recibisteis de él permanece en vosotros, y no tenéis necesidad de que nadie os enseñe; así como la unción misma os enseña todas las cosas, y es verdadera, y no es mentira, según ella os ha enseñado, permaneced en él".
1 Juan 2:27

Dios también usará situaciones y circunstancias de la vida en nuestro caminar como cristianos, para formarnos y darnos una identidad nueva y única.

En el mundo cuando estábamos sin Dios, el ejemplo y prototipo de identidad que teníamos eran las personas más influyentes que conocíamos o mirábamos. Pudieron ser personas muy conocidas en el mundo secular, pero también pudieron ser amistades, y usábamos todas esas referencias para formar y tener nuestra propia identidad.

Pero cuando fuimos conocidos por Dios, y Él nos llamó a la salvación, nuestro ejemplo, nuestra referencia de identidad llegó a ser Jesús, el Mesías.

"Sed imitadores de mí, así como yo de Cristo".
1 Corintios 11:1

Ahora nuestro ejemplo es Cristo, y aún Cristo nos ayudará con el poder de su Espíritu Santo para llegar a ser y a tener nuestra identidad en Él, y también nuestra identidad y posición en su iglesia, el cuerpo de Cristo.

"Porque somos hechura suya, creados en Cristo Jesús para buenas obras, las cuales Dios preparó de antemano para que anduviésemos en ellas".
Efesios 2:10

Solo Dios puede darnos una genuina y verdadera identidad, y formarla a través de su Espíritu Santo y su Palabra.

En el mundo muchos de nosotros creíamos que éramos alguien, que teníamos una identidad, pero al ser conocidos por Dios, pudimos ver que estábamos ciegos y perdidos.

La identidad del mundo no es genuina, la identidad que muchos de nosotros teníamos en el mundo era una copia de alguien más, de otra o de otras personas. Así también nosotros hemos podido ser la copia para alguien más.

El hombre solo puede llegar a tener una genuina identidad cuando le es dada por Dios; de otra manera solo estará imitando a otros.

Cuando Dios creó al hombre, lo creó con una identidad propia y única.

Veamos el caso de Adán:

"Jehová Dios formó, pues, de la tierra toda bestia del campo, y toda ave de los cielos, y las trajo a Adán para que viese cómo las había de llamar; y todo lo que Adán llamó a los animales vivientes, ese es su nombre".
Génesis 2:19

Dice la Palabra de Dios que Dios trajo animales y aves del cielo a Adán para que les pusiese nombre.

Este es un ejemplo de cómo Dios hizo a Adán, y lo formó con un propósito específico.

Si estamos cerca de Dios y nos mantenemos cerca de Él sabremos cuál es nuestra identidad y la podremos obtener, pero si estamos lejos de Dios no vamos a saber cuál es nuestra identidad y no la podremos obtener.

Todo genuino cristiano si se aleja de Dios y de su voluntad perderá la identidad que tuvo cuando estuvo cerca de Dios; y solo volverá a tener esa identidad que tenía cuando regrese a Dios con todo su corazón.

El hombre perdió su identidad al separarse de Dios a causa del pecado que cometió.

Veamos 2 ejemplos:

Ejemplo #1

"8. Y dijo Caín a su hermano Abel: Salgamos al campo. Y aconteció que estando ellos en el campo, Caín se levantó contra su hermano Abel, y lo mató. 9. Y Jehová dijo a Caín: ¿Dónde está Abel tu hermano? Y él respondió: No sé. ¿Soy yo acaso guarda de mi hermano? 10. Y él le dijo: ¿Qué has hecho? La voz de la sangre de tu hermano clama a mí desde la tierra. 11. Ahora, pues, maldito seas tú de la tierra, que abrió su boca para recibir de tu mano la sangre de tu hermano. 12. Cuando labres la tierra, no te volverá a

dar su fuerza; errante y extranjero serás en la tierra. 13. Y dijo Caín a Jehová: Grande es mi castigo para ser soportado. 14. He aquí me echas hoy de la tierra, y de tu presencia me esconderé, y seré errante y extranjero en la tierra; y sucederá que cualquiera que me hallare, me matará. 15. Y le respondió Jehová: Ciertamente cualquiera que matare a Caín, siete veces será castigado. Entonces Jehová puso señal en Caín, para que no lo matase cualquiera que le hallara".
Génesis 4:8-15

Caín fue el primer hijo de Adán y Eva, y también podemos ver que Caín tenía una relación con Dios por algunos aspectos: Podemos ver que Caín al igual que su hermano menor Abel, ofreció una ofrenda a Dios. También podemos observar que Dios le habla a Caín y le dice por qué razón Él no ha aceptado su ofrenda. Esta relación entre Dios y Caín se rompe al Caín pecar contra Dios por haber matado a su hermano Abel.

Después de ese suceso, Caín fue desterrado por Dios, y Caín se fue del lugar en donde estaba en ese momento. Además Caín entendió que la presencia de Dios ya no estaría con él. Ahora Caín tenía que buscar un nuevo lugar y comenzar una nueva vida.

El pecado que cometió Caín hizo que él reciba ese castigo de parte de Dios, y además de eso Caín va a tener otra identidad, una identidad sin Dios.

Ejemplo #2

"16. A la mujer dijo: Multiplicaré en gran manera los dolores en tus preñeces; con dolor darás a luz los hijos; y tu deseo será para

tu marido, y él se enseñoreará de ti. 17. Y al hombre dijo: Por cuanto obedeciste a la voz de tu mujer, y comiste del árbol de que te mandé diciendo: No comerás de él; maldita será la tierra por tu causa; con dolor comerás de ella todos los días de tu vida. 18. Espinos y cardos te producirá, y comerás plantas del campo. 19. Con el sudor de tu rostro comerás el pan hasta que vuelvas a la tierra, porque de ella fuiste tomado; pues polvo eres, y al polvo volverás".
Génesis 3:16-19

Ese castigo que Dios les dio a Adán y a Eva a causa de su desobediencia, hizo que ellos tengan otro tipo de vida, una vida inferior a la que ellos habían tenido donde habían vivido antes. Sería una vida llena de sufrimientos y dolores. Ahora ellos solo podían esperar la misericordia de Dios. Desde ese momento en adelante, a todo aquel que se acercara a Dios con todo su corazón, Dios podría restaurarle y darle una nueva vida, una nueva identidad con la ayuda de Dios, con el poder de Su Espíritu Santo.

Eso aún no ha cambiado, Dios en este tiempo actual en el cual nosotros vivimos, ha enviado a Su único Hijo, llamado Jesús, el Mesías, el Salvador del mundo. A aquel que cree en Él y vive para Él, le dará una nueva vida, una nueva identidad, la identidad que nuestros primeros padres, Adán y Eva, habían perdido en el Edén por su desobediencia.

"Por tanto, como el pecado entró en el mundo por un hombre, y por el pecado la muerte, así la muerte pasó a todos los hombres, por cuanto todos pecaron".
Romanos 5:12

"18. Así que, como por la transgresión de uno vino la condenación a todos los hombres, de la misma manera por la justicia de uno vino a todos los hombres la justificación de vida. 19. Porque así como por la desobediencia de un hombre los muchos fueron constituidos pecadores, así también por la obediencia de uno, los muchos serán constituidos justos".
Romanos 5:18-19

Podemos entender, entonces, que a través de Jesucristo todos podemos tener una nueva vida, una nueva identidad, la identidad perdida por nuestros primeros padres, Adán y Eva; y esa identidad puede volver a nosotros a través de Jesucristo por su Espíritu Santo.

Cuando no tenemos una identidad dada a través de Jesús, por su Palabra y su Espíritu, andaremos errantes, sin identidad. Estaremos buscando por aquí o por allá para poder obtener alguna identidad.

Concluimos entonces que la identidad humana es una identidad temporal, ficticia, superficial, falsa y no genuina, y que también es una identidad decaída, terrenal, de abajo.

"46. Mas lo espiritual no es primero, sino lo animal; luego lo espiritual. 47. El primer hombre es de la tierra, terrenal; el segundo hombre, que es el Señor, es del cielo. 48. Cual el terrenal, tales también los terrenales; y cual el celestial, tales también los celestiales. 49. Y así como hemos traído la imagen del terrenal, traeremos también la imagen del celestial".
1 Corintios 15:46-49

La identidad que Dios quiere darnos es una identidad celestial, divina, eterna, a la imagen de Cristo.

Cuando estamos en el camino de Dios y nos mantenemos en ese camino, estaremos en sus manos siendo formados por Él, por su Espíritu Santo, por su Palabra, y estaremos siendo transformados día a día para llegar a ser como Dios quiere que seamos.

"Por tanto, no desmayamos; antes aunque este nuestro hombre exterior se va desgastando, el interior no obstante se renueva de día en día".
2 Corintios 4:16

"5. Entonces vino a mí palabra de Jehová, diciendo: 6. ¿No podré yo hacer de vosotros como este alfarero, oh casa de Israel? dice Jehová. He aquí que como el barro en la mano del alfarero, así sois vosotros en mi mano, oh casa de Israel".
Jeremías 18:5-6

Si usted está en el camino de Dios, y se mantiene en ese camino, también estará en el proceso de Dios, y Dios así como a los patriarcas y profetas les dio una identidad, a usted también le dará una identidad propia y genuina.

**Una verdadera y genuina identidad
solo nos la puede dar Dios.**

Capítulo 6
Identidad interna e identidad externa

"*Y el mismo Dios de paz os santifique por completo; y todo vuestro ser, espíritu, alma y cuerpo, sea guardado irreprensible para la venida de nuestro Señor Jesucristo*".
1 Tesalonicenses 5:23

Muchas personas exteriormente se ven como alguien en particular, pero en su corazón no son lo que se ve en su exterior. Esto se podría definir como personas que tienen una identidad, una particularidad, una forma de ser en su interior, en su corazón, pero que en su exterior son otro tipo de personas.

Las otras personas pueden tener una opinión de esta persona debido a la apariencia que muestra exteriormente, pero la persona que muestra ser así exteriormente, puede ser muy diferente en su interior.

En el mundo es algo común y normal ver estos casos y situaciones, personas que se ven de cierta manera, de cierta forma, pero que no son así como se ven por fuera.

También podemos ver estos casos en el ámbito del cristianismo.

Muchos de nosotros al convertirnos al cristianismo y empezar el proceso de Dios, damos una imagen de cristianos, pero en el corazón o en la mente no necesariamente somos así, sino que en el corazón y en la mente todavía estamos luchando por ser genuinos cristianos. O puede suceder en otro grupo de cristianos, que sus corazones y sus mentes aún están en el mundo.

Esto puede suceder por tres razones:

1. Porque estamos en el proceso de Dios y aún necesitamos ser cambiados por el Espíritu Santo de Dios, y debemos continuar para que Dios complete su obra.

"estando persuadido de esto, que el que comenzó en vosotros la buena obra, la perfeccionará hasta el día de Jesucristo;".
Filipenses 1:6

2. Porque no nos hemos entregado genuinamente a Dios, y por esa razón Dios no ha cambiado nuestra vida.

"37. Al oír esto, se compungieron de corazón, y dijeron a Pedro y a los otros apóstoles: Varones hermanos, ¿qué haremos? 38. Pedro les dijo: Arrepentíos, y bautícese cada uno de vosotros en el nombre de Jesucristo para perdón de los pecados; y recibiréis el don del Espíritu Santo".
Hechos 2:37-38

Dios nos va a cambiar y a transformar cuando nuestra entrega sea genuina y sincera. Entonces, descenderá el Espíritu de Dios, entrará en nuestro corazón y empezará el proceso del cambio en nuestra vida.

3. Pudimos haber sido cambiados por el Espíritu de Dios, pero nos hemos alejado de Él. Aún podríamos continuar asistiendo a la iglesia y hacernos llamar cristianos, pero nuestro corazón estar lejos de Dios.

"Y me dijo: Hijo de hombre, ¿has visto las cosas que los ancianos de la casa de Israel hacen en tinieblas, cada uno en sus cámaras pintadas de imágenes? Porque dicen ellos: No nos ve Jehová; Jehová ha abandonado la tierra".
Ezequiel 8:12

Los sacerdotes del pueblo de Israel aunque habían sido llamados y escogidos por Dios, ellos exteriormente ante la congregación de los hijos de Israel tenían una identidad, pero donde nadie los podía ver, en su recámara, en lo secreto, eran otras personas, y nadie conocía, nadie sabía esto sino Dios.

Si usted o yo hubiéramos vivido en ese tiempo también pudimos haber sido engañados de igual modo que el pueblo de aquel tiempo si no hubiéramos tenido alguna revelación de esa situación como la tuvo el profeta Ezequiel (Ezequiel 8:12).

Hubiéramos pensado que esa era su identidad, la de sacerdotes intachables, pero en realidad esa era una imagen externa que ellos mostraban al pueblo, sin embargo, en sus casas, en sus aposentos eran otras personas.

Cuando un cristiano no está cerca de Dios, en comunión con Él, puede perder lo que ha ganado como hijo de Dios, y aún esta persona podría aparentar tener una relación espiritual con Dios cuando en realidad ya no la tiene. Puede mostrarse ante los hombres como si estuviese en comunión con Dios, pero no ser así en su espíritu.

Una genuina identidad comenzará en nuestro corazón, y esa identidad se hará visible en nuestro exterior.

Es como una persona que habla muchas palabras, pero que no tiene fe en aquello de lo cual habla. Esta persona habla, proclama y hace muchas cosas, pero no las hace con una fe genuina, las hace sin fe.

"*8. Mas ¿qué dice? Cerca de ti está la palabra, en tu boca y en tu corazón. Esta es la palabra de fe que predicamos: 9. que si confesares con tu boca que Jesús es el Señor, y creyeres en tu corazón que Dios le levantó de los muertos, serás salvo. 10. Porque con el corazón se cree para justicia, pero con la boca se confiesa para salvación".*
Romanos 10:8-10

La fe empieza en nuestro corazón, pero muchos de nosotros hablamos palabras sin fe.

Nuestro corazón, nuestro interior y nuestro exterior deben ser uno solo, deben unirse; es ahí cuando seremos genuinos hijos de Dios, genuinos cristianos, porque seremos conocidos de cierta manera exteriormente y seremos de esa manera en nuestro corazón, en nuestra casa, en donde nadie puede vernos.

El Espíritu de Dios trabajará con cada uno de nosotros para ser genuinos interior y exteriormente.

"Y el mismo Dios de paz os santifique por completo; y todo vuestro ser, espíritu, alma y cuerpo, sea guardado irreprensible para la venida de nuestro Señor Jesucristo".
1 Tesalonicenses 5:23

Debemos ser genuinos donde todos nos ven y asimismo en donde nadie nos ve (solo Dios). Entonces seremos verdaderos hijos de Dios.

"9. ¿No sabéis que los injustos no heredarán el reino de Dios? No erréis; ni los fornicarios, ni los idólatras, ni los adúlteros, ni los afeminados, ni los que se echan con varones, 10. ni los ladrones, ni los avaros, ni los borrachos, ni los maldicientes, ni los estafadores, heredarán el reino de Dios. 11. Y esto erais algunos; mas ya habéis sido lavados, ya habéis sido santificados, ya habéis sido justificados en el nombre del Señor Jesús, y por el Espíritu de nuestro Dios".
1 Corintios 6:9-11

El apóstol Pablo les recuerda a los hermanos de la iglesia de Corinto que anteriormente ellos antes de conocer al Señor tenían una vida diferente, una vida llena de pecados.

Algunos fueron borrachos, y eran conocidos de esa manera; otros eran conocidos por ser delincuentes; y así sucesivamente con cada persona. Esas eran algunas identidades que tuvieron algunos de ellos, pero al convertirse a Dios, Él los cambió y los transformó. El apóstol Pablo les recuerda esto porque posiblemente algunos estaban cayendo en la falta de sinceridad, y aun así se estaban llamando cristianos, teniendo una doble moral.

En el libro de 1 Corintios 5, el apóstol Pablo les insta a ser genuinos en su vida cristiana, a no tener una doble moral, una doble identidad, a no aparentar ser verdaderos cristianos sin serlo.

Como cristianos debemos procurar ser obedientes a la Palabra de Dios. Eso nos ayudará a ser genuinos en nuestro cristianismo, tanto interior como exteriormente. Pero debemos procurar ser obedientes al Espíritu de Dios, ya que será el Espíritu Santo quien nos convencerá de pecado y nos cambiará tanto interna como externamente.

"Y cuando él venga, convencerá al mundo de pecado, de justicia y de juicio".
Juan 16:8

Si el Espíritu Santo no nos cambia por dentro, no podremos ser genuinos, sino que seremos hipócritas como los fariseos, los cuales se opusieron al ministerio de Jesús, el Mesías. Ellos eran pulcros exteriormente, pero no lo eran en sus corazones.

"27. ¡Ay de vosotros, escribas y fariseos, hipócritas! porque sois semejantes a sepulcros blanqueados, que por fuera, a la verdad, se muestran hermosos, mas por dentro están llenos de huesos de muertos y de toda inmundicia. 28. Así también vosotros por fuera, a la verdad, os mostráis justos a los hombres, pero por dentro estáis llenos de hipocresía e iniquidad".
Mateo 23:27-28

Los judíos del tiempo de Jesús que pertenecían a una religión o secta, tales como los fariseos, los saduceos, etc., tenían una doble moral. Aparentaban exteriormente lo que no eran interiormente.

Eso también puede suceder con cada uno de nosotros si no somos sinceros con Dios y no hemos tenido una entrega genuina de nuestra vida a Dios. Podemos vernos como unos verdaderos seguidores de Cristo por fuera, aparentar esa impresión, pero realmente estar viviendo fuera de la voluntad de Dios, estar viviendo en pecados, y no haber sido transformados, renovados en nuestros corazones.

Un cristiano genuino debe tener una sola identidad, y además, ser genuino en la identidad que tiene como hijo de Dios. Debe ser por fuera y por dentro de la misma manera, no tener una doble moral.

Nuestra identidad está basada en la Palabra de Dios, y es dada por el Espíritu Santo de Dios.

Si un cristiano tiene una llamado de parte de Dios para ser predicador, profeta o para tener algún otro ministerio, si esta persona aun teniendo el llamado no es verdadero en su interior, el ministerio de esta persona será débil, tendrá una doble moral. Por fuera será conocido por su ministerio, pero en su espíritu no lo creerá verdaderamente.

Para que una persona sea fuerte en su ministerio, en el llamado que tiene de parte de Dios, esta persona tiene que creer en su llamado, tiene que ser sincero en su corazón y no aparentar en su exterior delante de los hombres.

Un verdadero discípulo de Cristo, un verdadero ministro de Dios será respetado, será genuino ante las demás personas, cuando lo sea primeramente en su corazón y por consiguiente en el exterior, públicamente. Las personas al ver el testimonio de vida de esta persona creerán en su llamado y en su cristianismo.

El Espíritu Santo trabajará en nuestro corazón para cambiarnos y formarnos de acuerdo a su voluntad.

"El que venciere será vestido de vestiduras blancas; y no borraré su nombre del libro de la vida, y confesaré su nombre delante de mi Padre, y delante de sus ángeles".
Apocalipsis 3:5

En el Reino de los Cielos, Dios nos dará a cada uno de nosotros ropas nuevas, pero también nos dará un nuevo nombre.

Cuando Dios nos da una nueva identidad, lo hace por dentro y por fuera.

Capítulo 7
Nuestra personalidad no es nuestra identidad

Todos tenemos nuestra propia personalidad. Algunas personas tienen una personalidad más extrovertida, más abierta que otras; otras personas en cambio pueden tener una personalidad más introvertida y tímida.

A algunas personas el tener una personalidad más extrovertida les ayudará en ciertas áreas de sus vidas, en cambio a otras personas no les ayudará esa personalidad.

Pero nuestra personalidad, cualquiera que sea, no es nuestra identidad. Puede formar parte de ella, pero no lo es todo.

En las Escrituras podemos ver hombres que no tenían una gran personalidad, pero sí tenían una identidad, y esa identidad se las dio Dios.

"Entonces dijo Moisés a Jehová: ¡Ay, Señor! nunca he sido hombre de fácil palabra, ni antes, ni desde que tú hablas a tu siervo; porque soy tardo en el habla y torpe de lengua".
Éxodo 4:10

En el anterior texto citado podemos leer que Moisés tenía problemas para hablar, problemas para comunicarse con otras personas, pero si miramos el ministerio de Moisés como profeta de Dios, podemos observar que él fue conocido, y aún es conocido como uno de los profetas más grandes de la historia bíblica. A pesar de que Moisés no tenía una personalidad extrovertida o elocuencia para comunicarse con las personas, Dios le dio una identidad, y junto con esa identidad le dio señales, prodigios y milagros que eran parte de su ministerio. Debido a todo ello es que conocemos a Moisés como un gran profeta de Dios.

"26. Pues mirad, hermanos, vuestra vocación, que no sois muchos sabios según la carne, ni muchos poderosos, ni muchos nobles; 27. sino que lo necio del mundo escogió Dios, para avergonzar a los sabios; y lo débil del mundo escogió Dios, para avergonzar a lo fuerte; 28. y lo vil del mundo y lo menospreciado escogió Dios, y lo que no es, para deshacer lo que es, 29. a fin de que nadie se jacte en su presencia".
1 Corintios 1:26-29

En estos textos citados, el apóstol Pablo nos dice el tipo de personas que Dios ha escogido, aquellas que eran menospreciadas, que no tenían valor para el mundo.

Personas como Moisés, sin facilidad de palabras, o personas tímidas, introvertidas, y aún con muchos complejos, así como fui yo antes de conocer a Dios, son aquellas a las que Dios ha llamado y les ha dado una identidad así como se la dio a Moisés, a los patriarcas y profetas del Antiguo Testamento.

La personalidad está arraigada a nuestra alma, y solo Dios nos puede transformar, y aún si nuestra personalidad es como la de Moisés o aún más escasa, si Dios nos da una identidad seremos lo que Dios quiere que seamos.

Muchas veces nuestra pobre personalidad Dios puede permitirla para que Él mismo sea glorificado a través de nosotros por medio de esas debilidades.

"7. Y para que la grandeza de las revelaciones no me exaltase desmedidamente, me fue dado un aguijón en mi carne, un mensajero de Satanás que me abofetee, para que no me enaltezca sobremanera; 8. respecto a lo cual tres veces he rogado al Señor, que lo quite de mí. 9. Y me ha dicho: Bástate mi gracia; porque mi poder se perfecciona en la debilidad. Por tanto, de buena gana me gloriaré más bien en mis debilidades, para que repose sobre mí el poder de Cristo. 10. Por lo cual, por amor a Cristo me gozo en las debilidades, en afrentas, en necesidades, en persecuciones, en angustias; porque cuando soy débil, entonces soy fuerte".
2 Corintios 12:7-10

Dios puede glorificarse en nuestras debilidades, así como lo hizo con Pablo o con Moisés.

Podemos tener una buena personalidad, ser elocuentes, etc., pero si Dios no nos ha dado una identidad en Él, solo seremos personas atractivas o conocidas por tener actitudes que atraen a otras personas. Por el contrario, podemos ser muy tímidos y más aún no tener una clara identidad.

"Así que, hermanos, cuando fui a vosotros para anunciaros el testimonio de Dios, no fui con excelencia de palabras o de sabiduría".
1 Corintios 2:1

"y ni mi palabra ni mi predicación fue con palabras persuasivas de humana sabiduría, sino con demostración del Espíritu y de poder,".
1 Corintios 2:4

Nuestra personalidad es humana, pero nuestra identidad viene de Dios.

Nuestra personalidad tiene que ser moldeada y pulida por Dios a través de su Palabra y su Espíritu Santo.

"No os conforméis a este siglo, sino transformaos por medio de la renovación de vuestro entendimiento, para que comprobéis cuál sea la buena voluntad de Dios, agradable y perfecta".
Romanos 12:2

"22. En cuanto a la pasada manera de vivir, despojaos del viejo hombre, que está viciado conforme a los deseos engañosos, 23. y renovaos en el espíritu de vuestra mente, 24. y vestíos del nuevo hombre, creado según Dios en la justicia y santidad de la verdad".
Efesios 4:22-24

Nuestra identidad debe ser cambiada por una nueva identidad.

Muchas personas tienen talentos humanos, pueden tocar algún instrumento musical; otras hablan muy bien, se expresan bien, y eso es parte de cada persona. Todos podemos tener cualidades o talentos humanos, pero como cristianos debemos saber y entender que aparte de los talentos humanos que cada persona puede tener, Dios también nos quiere dar una identidad.

Si Dios no nos da una identidad como sus hijos, todo lo que hagamos como cristianos será por nuestras propias capacidades humanas, nuestros talentos o cualidades, pero no será algo espiritual. Si Dios no me ha dado el ministerio de predicador o de tocar instrumentos y cantar alabanzas, y aún así lo hago, esas predicaciones o alabanzas no serán espirituales, sino humanas.

Podemos tener talentos o cualidades humanas, pero todo eso es humano. Es por esa razón que en el mundo hay cantantes de música secular, profesores que enseñan a una persona cómo cantar, cómo hablar, cómo expresarse ante el público, etc., pero eso son solamente cosas humanas.

Dios nos quiere dar algo más.

Cuando Dios nos da una nueva identidad, y si Él nos ha llamado para alabarle, Él nos va a ungir para alabarle; y si no sabemos expresarnos bien o hablar bien, pero Dios nos llamó para predicar, Él nos va a ungir con Su Espíritu Santo y nos dará las palabras correctas para hablar, y nos enseñará la manera correcta de hablarlas. No seremos nosotros con nuestra personalidad o talentos humanos, sino que será Dios mismo haciéndolo con su Espíritu Santo.

Nuestra personalidad es humana y debe ser pulida.

Nuestra identidad viene de Dios y es dada por Dios. Nuestra identidad es celestial.

No es tan importante si tenemos una u otra personalidad, en el momento de entregarnos genuinamente a Dios, Dios por su Espíritu Santo trabajará en nosotros para darnos una nueva identidad la cual estuvo preparada y diseñada para cada uno de nosotros. No serán nuestros talentos humanos que ya tenemos, no será nuestra personalidad introvertida o extrovertida, sino que será dada por el Espíritu Santo de Dios, será algo mucho mayor.

La personalidad que todos tenemos no es nuestra identidad.

La identidad dada por Dios, por su Espíritu Santo, no es nuestra.

Podemos tener una muy buena personalidad, pero si Dios no nos da una identidad, todo lo que hagamos será de nosotros mismos, y seremos conocidos no por lo que Dios ha hecho o hace a través de nosotros, sino que seremos conocidos por nuestros talentos y capacidades humanas.

Pero podemos no tener una personalidad muy sobresaliente, pero si Dios nos da una identidad, seremos conocidos por lo que hace Dios a través de nosotros, su poder actuando a través de nosotros.

En conclusión, no debemos pensar que nuestra personalidad puede tomar el lugar o la posición de la nueva identidad que Dios nos quiere dar, porque lo que Dios nos quiere dar, o lo que ya nos ha dado es espiritual, y proviene de Dios, no de nosotros. Nuestra personalidad es humana, natural, y es parte de nuestra identidad, pero no es nuestra identidad.

También debemos saber que si tenemos una personalidad muy introvertida, o por el contrario, muy extrovertida, al Dios darnos una identidad estaremos completos, y nuestra personalidad se irá acoplando a nuestra identidad.

En el proceso en el cual vamos siendo formados por la Palabra de Dios y su Espíritu, nuestra personalidad se irá puliendo para ser parte de nuestra nueva identidad.

Recuerde:
La personalidad es humana y tiene que ser pulida, perfeccionada.
La identidad es de Dios y viene de arriba, del cielo.

Un profeta es conocido por ser un profeta, y esa es su identidad. Él puede ser muy extrovertido o muy conservador.

Un pastor o un evangelista, cada uno de ellos tiene una personalidad, pero ellos serán conocidos por las personas por su llamado o por su ministerio.

Una persona puede tener una personalidad y pensar que la personalidad que tiene es su identidad, y no es así. Nuestra personalidad no es nuestra identidad, pero sí es parte de nuestra identidad.

Nuestra personalidad tiene que ser formada para ser parte de nuestra identidad.

Capítulo 8
En una nueva identidad viene algo nuevo de parte de Dios

Identidad se define como las cualidades, rasgos, aptitudes o características de una persona que la van a distinguir de otra persona.

Cuando recibimos a Jesús genuinamente y con sinceridad en nuestro corazón, también recibimos al Espíritu Santo.

"37. Al oír esto, se compungieron de corazón, y dijeron a Pedro y a los otros apóstoles: Varones hermanos, ¿qué haremos? 38. Pedro les dijo: Arrepentíos, y bautícese cada uno de vosotros en el nombre de Jesucristo para perdón de los pecados; y recibiréis el don del Espíritu Santo".
Hechos 2:37-38

Con la venida del Espíritu de Dios, también vienen los dones, o ministerios únicos que Dios tenía ya preparados para nosotros individualmente.

Esos dones o ministerios que Dios por su Espíritu Santo nos dará a cada uno serán como una señal que nos identificará y eso será parte de nuestra identidad.

En el libro de 1 Corintios 12, el apóstol Pablo nos habla de los dones espirituales, y también de los ministerios que el Espíritu Santo da a cada uno. También nos aclara que serán dados según cómo el Espíritu Santo los quiera dar.

Cada uno de nosotros va a tener algún don, ministerio o manifestación del Espíritu para que sea de provecho al pueblo de Dios.

Podemos ver en el Antiguo Testamento que Dios daba a sus siervos y a sus siervas algo que los identificaba, y ellos eran reconocidos por aquello que habían recibido de parte de Dios.

Por ejemplo, Dios llama a Abram y le da un nuevo nombre.

"1. Era Abram de edad de noventa y nueve años, cuando le apareció Jehová y le dijo: Yo soy el Dios Todopoderoso; anda delante de mí y sé perfecto. 2. Y pondré mi pacto entre mí y ti, y te multiplicaré en gran manera. 3. Entonces Abram se postró sobre su rostro, y Dios habló con él, diciendo: 4. He aquí mi pacto es contigo, y serás padre de muchedumbre de gentes. 5. Y no se llamará más tu nombre Abram, sino que será tu nombre Abraham, porque te he puesto por padre de muchedumbre de gentes".
Génesis 17:1-5

Dios le dio un nuevo nombre a Abram; le dijo que su nuevo nombre sería Abraham, y le dijo que le había dado ese nuevo nombre porque ahora él sería padre de muchedumbre de gentes.

Dios al prometerle algo a Abram, y al cambiarle su nombre por el de Abraham, también le dio una nueva identidad.

Veamos otro ejemplo:

"24. Así se quedó Jacob solo; y luchó con él un varón hasta que rayaba el alba. 25. Y cuando el varón vio que no podía con él, tocó en el sitio del encaje de su muslo, y se descoyuntó el muslo de Jacob mientras con él luchaba. 26. Y dijo: Déjame, porque raya el alba. Y Jacob le respondió: No te dejaré, si no me bendices. 27. Y el varón le dijo: ¿Cuál es tu nombre? Y él respondió: Jacob. 28. Y el varón le dijo: No se dirá más tu nombre Jacob, sino Israel; porque has luchado con Dios y con los hombres, y has vencido".
Génesis 32:24-28

Dios le dio un nuevo nombre a Jacob para hacer a través de él una nación, la cual se llamaría Israel, y ese fue el nuevo nombre de Jacob, Israel.

Ahora, Jacob ya no sería el mismo de antes, ahora él era una nueva persona, con un nuevo nombre y ese nuevo nombre era parte de su nueva identidad.

También podemos ver el caso de Sarai, esposa de Abraham, cómo Dios le cambió su nombre como una señal de su nueva identidad.

"15. Dijo también Dios a Abraham: A Sarai tu mujer no la llamarás Sarai, mas Sara será su nombre. 16. Y la bendeciré, y también te daré de ella hijo; sí, la bendeciré, y vendrá a ser madre de naciones; reyes de pueblos vendrán de ella".
Génesis 17:15-16

Dios al darnos una nueva identidad, también hará algo nuevo en nosotros, lo cual será parte de nuestra nueva identidad.

Ahora veremos el caso de Sansón. A Sansón lo solemos identificar porque fue alguien que tenía una gran fuerza, eso era lo que lo identificaba.

"*5. Y Sansón descendió con su padre y con su madre a Timnat; y cuando llegaron a las viñas de Timnat, he aquí un león joven que venía rugiendo hacia él. 6. Y el Espíritu de Jehová vino sobre Sansón, quien despedazó al león como quien despedaza un cabrito, sin tener nada en su mano; y no declaró ni a su padre ni a su madre lo que había hecho".*
Jueces 14:5-6

Esa era la señal que identificaba a Sansón como alguien único, y esa señal era de parte de Dios, dada por Dios mismo a Sansón.

También podemos observar el caso del rey Salomón:

"*10. Y agradó delante del Señor que Salomón pidiese esto. 11. Y le dijo Dios: Porque has demandado esto, y no pediste para ti muchos días, ni pediste para ti riquezas, ni pediste la vida de tus enemigos, sino que demandaste para ti inteligencia para oír juicio, 12. he aquí lo he hecho conforme a tus palabras; he aquí que te he dado corazón sabio y entendido, tanto que no ha habido antes de ti otro como tú, ni después de ti se levantará otro como tú. 13. Y aun también te he dado las cosas que no pediste, riquezas y gloria, de tal manera que entre los reyes ninguno haya como tú en todos tus días".*
1 Reyes 3:10-13

Dios, entre las muchas cosas que le dio a Salomón, le dio sabiduría.

La sabiduría que tenía Salomón fue parte de su identidad como persona. Podemos ver en la Biblia todo lo que Salomón escribió por medio de la sabiduría que Dios le había dado.

Si queremos mencionar a un hombre que tuvo mucha sabiduría y que está escrito en las Santas Escrituras, ese hombre sería Salomón.

Podríamos seguir enumerando a los hombres y mujeres de Dios y aquello que Dios les dio como una señal, lo cual era parte de sus identidades.

También podemos ver cómo Jesús cambió el nombre de Pedro a Simón como una señal de lo que Dios haría con él.

"41. Este halló primero a su hermano Simón, y le dijo: Hemos hallado al Mesías (que traducido es, el Cristo). 42. Y le trajo a Jesús. Y mirándole Jesús, dijo: Tú eres Simón, hijo de Jonás; tú serás llamado Cefas (que quiere decir, Pedro)".
Juan 1:41-42

Veamos qué cambiará cuando seamos transformados y vayamos a estar con el Padre Eterno:

"El que tiene oído, oiga lo que el Espíritu dice a las iglesias. Al que venciere, daré a comer del maná escondido, y le daré una piedrecita blanca, y en la piedrecita escrito un nombre nuevo, el cual ninguno conoce sino aquel que lo recibe".
Apocalipsis 2:17

Dios a cada uno de nosotros nos dará un nuevo nombre, el cual será parte de nuestra nueva identidad celestial, donde viviremos junto a Dios por la eternidad.

Podemos ver en la Biblia, en los escritos de los profetas y de los demás escritores, que cada uno era diferente y se caracterizó por algo único que Dios le dio, tanto a profetas como a escribas o apóstoles.

El Espíritu Santo nos dará a cada uno de nosotros algún don, algún ministerio, o también nos puede cambiar nuestro nombre por uno nuevo, como parte de nuestra nueva identidad.

Si estamos en comunión con el Padre podremos saber y reconocer lo nuevo que Dios nos habrá dado, lo cual será parte de la nueva identidad, pero si no estamos en comunión con el Padre por medio del Espíritu de Dios, no lo podremos discernir o reconocer.

"10. Entonces sus discípulos le preguntaron, diciendo: ¿Por qué, pues, dicen los escribas que es necesario que Elías venga primero? 11. Respondiendo Jesús, les dijo: A la verdad, Elías viene primero, y restaurará todas las cosas. 12. Mas os digo que Elías ya vino, y no le conocieron, sino que hicieron con él todo lo que quisieron; así también el Hijo del Hombre padecerá de ellos. 13. Entonces los discípulos comprendieron que les había hablado de Juan el Bautista".
Mateo 17:10-13

Juan el Bautista estaba destinado por Dios para venir y preparar el camino de Jesús, el Mesías, pero la profecía dice que vendría con el espíritu de Elías (Lucas 1:17).

¿Por qué dijo Jesús que los hombres no lo reconocieron? Porque no tuvieron entendimiento en esa escritura, no les fue revelada porque no tenían una comunión con Dios, con su Espíritu y con su Palabra.

Usted puede recibir y tener algo nuevo que Dios le ha dado o le está dando, pero además de recibirlo, usted deberá estar en comunión con Dios y Su Palabra para saber y entender qué es lo nuevo que Dios le ha dado a usted como parte de su nueva identidad.

Cuando Dios me llamó a predicar, no me hizo saber que me había dado algo nuevo, pero al pasar el tiempo y al tener yo una comunión con Dios, el Señor me hizo saber que tengo un nombre con el cual me identificaría en mi ministerio, y ese es el nombre de Juan. Ese nombre me lo dio como una señal espiritual, como el de Juan el Bautista.

Dios nos dará algo nuevo para nuestra nueva identidad como hijos suyos, pero eso al ser de Dios, quien es Espíritu, Él nos lo revelará por medio de su Espíritu Santo. Sea un nombre nuevo como el de Jacob o Abraham, sea sabiduría como la que le dio a Salomón, sea un ministerio o un don (1 Corintios 12), eso vendrá únicamente por la voluntad de Dios, y nos lo dará a conocer por su Espíritu.

"9. Antes bien, como está escrito: Cosas que ojo no vio, ni oído oyó, ni han subido en corazón de hombre, son las que Dios ha preparado para los que le aman. 10. Pero Dios nos las reveló a nosotros por el Espíritu; porque el Espíritu todo lo escudriña, aun lo profundo de Dios. 11. Porque ¿quién de los hombres sabe las

cosas del hombre, sino el espíritu del hombre que está en él? Así tampoco nadie conoció las cosas de Dios, sino el Espíritu de Dios. 12. *Y nosotros no hemos recibido el espíritu del mundo, sino el Espíritu que proviene de Dios, para que sepamos lo que Dios nos ha concedido".*
1 Corintios 2:9-12

Toda persona que se convierte genuinamente a Dios, recibirá algo de Dios, y eso que ha recibido la identificará.

Capítulo 9
Perder para ganar

Perder nuestra vieja identidad para ganar una nueva identidad.

En el proceso de Dios, nosotros al entrar a vivir una nueva vida en Cristo como hijos de Dios, tendremos que perder nuestra identidad anterior para poder obtener nuestra nueva identidad. No debemos aferrarnos a seguir con aquella identidad que teníamos en el mundo antes de convertirnos en cristianos. Debemos ser flexibles y aceptar la nueva identidad, la nueva forma de vida que Dios nos quiere dar.

Este proceso va a tomar un tiempo, pueden ser meses o pueden ser años. Algunos lograrán completar este proceso, mientras que otros no lo harán.

En las Escrituras podemos evidenciar algunos ejemplos del pueblo de Dios en su transición para recibir una nueva vida, y con esa nueva vida, también una nueva identidad.

Analicemos el caso del pueblo de Israel cuando fue sacado de Egipto.

El pueblo de Israel había estado esperando la liberación de Dios por muchos años, hasta que Dios levantó un libertador, a Moisés.

Moisés fue llamado y elegido por Dios para sacar al pueblo de Israel y llevarlo a la tierra que Dios les había prometido.

El pueblo de Israel antes de ser libre había sido esclavo de la nación de Egipto, los israelitas servían a los egipcios. Ellos eran ganaderos o cultivaban la tierra, pero además de eso los egipcios los hicieron sus esclavos. Esa era la vida que ellos tenían en Egipto antes de haber sido liberados por Dios.

"13. Y los egipcios hicieron servir a los hijos de Israel con dureza, 14. y amargaron su vida con dura servidumbre, en hacer barro y ladrillo, y en toda labor del campo y en todo su servicio, al cual los obligaban con rigor".
Éxodo 1:13-14

Dios envió a Moisés para sacar a su pueblo de Egipto, sacarlos de la dura vida que tenían a una vida llena de abundancia y con la protección de Dios. Además en esa nueva vida Dios les daría una nueva identidad, ya no serían conocidos como esclavos, sino que ahora serían conocidos como un pueblo escogido por Dios y bendecido por Él.

Aunque Dios cumplió su promesa con la descendencia de Abraham, Isaac y Jacob, no todos entraron a la nueva tierra que Dios les había prometido. La mayoría de aquellos que salieron de Egipto se quedaron en la transición del proceso de Dios. Si bien dejaron de ser esclavos de Egipto, no pudieron entrar ni obtener la promesa de Dios, y junto con esa promesa, tampoco pudieron obtener una nueva vida.

"*26. Y Jehová habló a Moisés y a Aarón, diciendo: 27. ¿Hasta cuándo oiré esta depravada multitud que murmura contra mí, las querellas de los hijos de Israel, que de mí se quejan? 28. Diles: Vivo yo, dice Jehová, que según habéis hablado a mis oídos, así haré yo con vosotros. 29. En este desierto caerán vuestros cuerpos; todo el número de los que fueron contados de entre vosotros, de veinte años arriba, los cuales han murmurado contra mí. 30. Vosotros a la verdad no entraréis en la tierra, por la cual alcé mi mano y juré que os haría habitar en ella; exceptuando a Caleb hijo de Jefone, y a Josué hijo de Nun. 31. Pero a vuestros niños, de los cuales dijisteis que serían por presa, yo los introduciré, y ellos conocerán la tierra que vosotros despreciasteis. 32. En cuanto a vosotros, vuestros cuerpos caerán en este desierto".*
Números 14:26-32

Muchos cristianos, hijos de Dios, no llegan a obtener su nueva identidad en Dios, sino que se quedan en el camino, quedan estancados en el proceso de la transición a la nueva vida que Dios quiere darles y no la logran obtener.

Perder para ganar: perder la antigua identidad que teníamos en el mundo para obtener una nueva identidad como hijos de Dios.

El pueblo de Dios no pudo obtener la promesa de Dios por su desobediencia, por falta de dependencia total en Dios. Murieron en el camino. Algunos murieron teniendo una mente de esclavos, y otros sin saber cuál era su propósito en ese proceso de Dios.

Nosotros para poder obtener nuestra nueva identidad dada por Dios a través de su Palabra por su Espíritu, debemos estar en dependencia continua de Dios, en una búsqueda y entrega constante de su conocimiento y de Su Espíritu.

En el libro de Génesis, capítulo 37, vemos cómo José es vendido por sus hermanos. José tenía una vida junto a su padre y sus hermanos, y aunque José era un joven justo, aún debía atravesar el proceso de Dios para luego ser posicionado a la nueva vida que Dios tenía para él.

Cuando José fue vendido por sus hermanos, él tenía 17 años. En ese momento comenzó el cambio, el proceso de Dios para darle una nueva vida, una nueva identidad de acuerdo al propósito de Dios para él.

José fue esclavo en la nación de Egipto, y además de eso fue a la cárcel acusado de un crimen que él no había cometido (Génesis 39). Aunque la vida de José fue dura, Dios estaba usando todas esas situaciones para llevarlo a su nueva vida, y así darle una nueva identidad.

José pasó el proceso de Dios correctamente, y fue posicionado, alcanzó la promesa que Dios le había dado muchos años antes en sueños.

El proceso que José pasó fue de trece años. Muchas veces José se habrá sentido solo al no estar con su familia, y al ser un esclavo en un país extranjero, con un idioma diferente; en otras ocasiones se habrá sentido sin identidad, y se habrá cuestionado: ¿Por qué estoy haciendo esto? No soy esclavo, pero vivo como esclavo.

Pero José estaba atravesando la transición a la nueva vida que Dios tenía para él, y Dios lo estaba preparando para tener una nueva identidad.

Después de trece años, José es posicionado y recibe lo que Dios había reservado para él (Génesis 41).

Cuando estamos en el proceso de Dios, en el camino de perder para ganar, de perder nuestra vieja identidad para obtener una nueva identidad, muchas veces nos sentiremos sin una identidad definida.

José había sido vendido como esclavo, pero él nunca había sido un esclavo, todo ello fue nuevo para él. Sin embargo, en ese proceso de transición, de cambio, Dios lo estaba procesando para que José viera la vida de una perspectiva diferente, para que José piense, hable, actúe y haga las cosas de acuerdo al modelo y a la nueva vida que Dios le iba a dar.

El padre de José, Jacob, también tuvo que pasar un proceso de Dios, y con ese proceso Jacob recibió bendición de Dios, y con esa bendición Jacob obtuvo su nueva identidad.

"24. Así se quedó Jacob solo; y luchó con él un varón hasta que rayaba el alba. 25. Y cuando el varón vio que no podía con él, tocó en el sitio del encaje de su muslo, y se descoyuntó el muslo de Jacob mientras con él luchaba. 26. Y dijo: Déjame, porque raya el alba. Y Jacob le respondió: No te dejaré, si no me bendices. 27. Y el varón le dijo: ¿Cuál es tu nombre? Y él respondió: Jacob. 28. Y el varón le dijo: No se dirá más tu nombre Jacob, sino Israel; porque has luchado con Dios y con los hombres, y has vencido".
Génesis 32:24-28

En el proceso de perder para ganar, de dejar nuestra vieja vida, nuestra antigua identidad, para ganar, para obtener una nueva vida y una nueva identidad, podemos sentir que no tenemos una identidad definida o clara.

Eso sucede porque estamos siendo cambiados, estamos atravesando una transición, y en ese proceso estamos dejando aquella identidad que teníamos en el mundo, nuestra vida pasada, pero además de eso, al estar en esta etapa de transición, tampoco tenemos una nueva identidad, ya que aún estamos en el proceso de cambio. Si bien eso ya está hecho en el mundo espiritual, todavía debemos alcanzarlo y obtenerlo en el mundo natural.

Es como un adolescente. Cuando está en esa etapa de cambio, cuando está entrando a la etapa de ser joven, está dejando una etapa para entrar y establecerse en una nueva etapa en su vida.

Es por esa razón que la mayoría de los adolescentes sienten que muy pocas personas los entienden, y además de eso todavía no tienen una madurez establecida, sino que aún están en una etapa de cambio.

Volviendo al ejemplo de Jacob, su proceso de transición de ser Jacob a ser Israel, la nación que Dios haría con él, ese proceso de cambio duró 20 años (Génesis 31:36-42), y en ese proceso de dejar de ser Jacob para ser Israel, Dios lo fue cambiando y dando lo que necesitaría para alcanzar la promesa de Dios.

El Señor Jesús dijo esto:

"26. Si alguno viene a mí, y no aborrece a su padre, y madre, y mujer, e hijos, y hermanos, y hermanas, y aun también su propia vida, no puede ser mi discípulo. 27. Y el que no lleva su cruz y viene en pos de mí, no puede ser mi discípulo".
Lucas 14:26-27

Es necesario perder, soltar nuestra vida pasada y nuestra vieja identidad, para obtener una nueva vida, una identidad nueva dada por Dios.

Muchas veces al dejar nuestra vida antigua, y con ella nuestra vieja identidad, vamos a sentirnos como si no estuviésemos ni en un lado, ni en el otro lado. Eso se debe a que estamos en medio del proceso de cambio.

Aunque sepamos que somos hijos de Dios (lo sabremos en nuestro corazón), y aunque sepamos que Dios está de nuestro lado, al dejar nuestra antigua vida e identidad, nos sentiremos como si estuviésemos incompletos, y es así, estamos cambiando, ansiando llegar a ser completamente aquello que Dios quiere que seamos. Si perseveramos, si persistimos y nos aferramos a Dios, así como lo hicieron Josué y Caleb, así como lo hizo Jacob, etc., si perseveramos en la voluntad de Dios y en buscar a Dios, lo conseguiremos, obtendremos las promesas de Dios para nuestras vidas, y Dios nos dará también una nueva identidad.

"4. Permaneced en mí, y yo en vosotros. Como el pámpano no puede llevar fruto por sí mismo, si no permanece en la vid, así tampoco vosotros, si no permanecéis en mí. 5. Yo soy la vid, voso-

tros los pámpanos; el que permanece en mí, y yo en *él, este lleva mucho fruto; porque separados de mí nada podéis hacer".*
Juan 15:4-5

Todos los hijos de Dios vamos a pasar por este proceso, por esta transición, perder para ganar.

Podemos considerar al profeta Daniel, quien tuvo que ser llevado cautivo, salir de su nación, pero vemos también como Dios le da una nueva posición, y con esa nueva posición, Daniel también obtiene una nueva identidad como consejero del rey (Daniel 1).

Si perseveramos en buscar a Dios, y nos mantenemos en su voluntad, llegaremos a ser lo que Dios quiere que seamos y a obtener lo que Dios quiere que obtengamos. Pero si por el contrario no perseveramos, si no nos mantenemos en la voluntad de Dios y nos alejamos de Dios, entonces podríamos acabar nuestros días como el pueblo de Israel. Ellos murieron en el desierto y no obtuvieron lo prometido.

"28. Diles: Vivo yo, dice Jehová, que según habéis hablado a mis oídos, así haré yo con vosotros. 29. En este desierto caerán vuestros cuerpos; todo el número de los que fueron contados de entre vosotros, de veinte años arriba, los cuales han murmurado contra mí. 30. Vosotros a la verdad no entraréis en la tierra, por la cual alcé mi mano y juré que os haría habitar en ella; exceptuando a Caleb hijo de Jefone, y a Josué hijo de Nun".
Números 14:28-30

Seamos como Josué y Caleb, creámosle a Dios, no nos soltemos de Él y obtendremos todas sus promesas, la vida y la identidad que Él tiene para nosotros.

Perder la antigua identidad para ganar una nueva identidad dada por Dios.

Capítulo 10
El adversario no quiere que tengas identidad

Jesús descendió del cielo para darnos una nueva vida, una nueva identidad, pero satanás nos la quiere arrebatar, no quiere que lleguemos a tener la identidad que Dios quiere darnos a través de su Hijo Jesús, por su Espíritu Santo.

"El ladrón no viene sino para hurtar y matar y destruir; yo he venido para que tengan vida, y para que la tengan en abundancia". Juan 10:10

Si no llegamos a obtener nuestra identidad como hijos de Dios, nos sentiremos incompletos.

Es por esa razón que satanás y sus demonios querrán evitar que logremos tener nuestra identidad como hijos de Dios, y de esa manera frustrarnos y hacernos sentir incompletos; y si no puede evitarlo, intentará hacernos perder la identidad que ya tenemos como hijos de Dios, así como lo hizo con Adán y Eva (Génesis 3).

Adán y Eva tenían una identidad como hijos de Dios. Satanás no pudo evitar que ellos pudieran tener esa identidad ya que al ser creados por Dios mismo, los hizo perfectos, completos, y no necesitaron ser procesados de una vida a otra para ser como Dios quería que fuesen. Ellos nunca conocieron la maldad humana hasta el día de su transgresión.

Satanás no pudo evitar eso, pero él intentó hacerles perder la identidad que ellos ya tenían y lo logró al hacerlos caer en desobediencia a Dios.

Si satanás no logra o evita que podamos tener nuestra identidad como hijos de Dios, y llegamos a ser como Dios quiere que seamos, probará hacernos perder la identidad que ya hemos obtenido en Cristo Jesús.

Él usará el pecado, también atacará nuestros sentidos naturales, nuestra mente, nuestros ojos, nuestros oídos, él usará cualquier debilidad que tengamos por más pequeña que sea para que perdamos nuestra nueva vida y nuestra nueva identidad que hemos obtenido por la gracia de Dios.

Analicemos dos puntos importantes:
1. El maligno no quiere que tengas una identidad.
2. El maligno quiere que pierdas tu identidad.

1. El maligno no quiere que tengas una identidad: Satanás no querrá que un cristiano pueda saber y conocer el propósito de Dios para su vida, porque eso será parte de su identidad.

Al conocer nuestro llamado y el propósito de Dios para nuestra vida, vamos a poder conocer y posicionarnos con esa identidad.

El conocer y saber cuál es el llamado y el propósito de Dios para nuestras vidas nos va a dar una identidad en Dios.

Un hombre o mujer que se convierte al cristianismo y no conoce el propósito de Dios para su vida tendrá una falta de identidad, se sentirá vacío(a), pero si llega a conocer el propósito de Dios o el llamado de Dios para su vida, se sentirá completo, tendrá paz y satisfacción porque sabe que está haciendo lo que Dios quiere que haga, sabe que está en la posición que Dios quiere que esté, en el lugar correcto.

"Porque somos hechura suya, creados en Cristo Jesús para buenas obras, las cuales Dios preparó de antemano para que anduviésemos en ellas".
Efesios 2:10

Si el adversario logra retrasarnos o estancarnos en nuestra vida cristiana para no conocer el propósito de Dios y para no crecer espiritualmente, no podremos tener nuestra identidad en Dios; y si él logra retrasarnos para no conocer nuestro propósito, estaremos confundidos, inseguros e incompletos, no habrá una dirección clara en nuestro caminar espiritual.

Muchos cristianos no logran obtener su identidad como hijos de Dios, y en muchas ocasiones es porque satanás lo está impidiendo usando la confusión, la falta de consagración o la falta de entrega a Dios.

No debemos ignorar los planes de nuestro adversario, porque muchas cosas quedan incompletas en nuestras vidas debido a que él influyó de alguna manera.

"Sed sobrios, y velad; porque vuestro adversario el diablo, como león rugiente, anda alrededor buscando a quien devorar".
1 Pedro 5:8

Debemos comprender que el enemigo no quiere que usted tenga su nueva identidad como cristiano, él querrá retrasar ese logro en su vida, dejándolo a usted incompleto.

Si estamos cerca de Dios a través de su Palabra (la Biblia) y su Espíritu Santo, llegaremos a ser lo que Dios quiere que seamos.

No permita que el diablo lo entretenga, le robe su tiempo de comunión con Dios, y así usted no llegue a conocer el propósito de Dios para su vida.

2. El maligno quiere que pierdas tu identidad: *"3. Pero temo que como la serpiente con su astucia engañó a Eva, vuestros sentidos sean de alguna manera extraviados de la sincera fidelidad a Cristo".*
2 Corintios 11:3

Adán y Eva perdieron su identidad al ser engañados por satanás. Él no solo querrá impedir que usted llegue a tener su identidad como hijo o hija de Dios, sino que también, si usted ya tiene esa identidad, él querrá quitársela, así como lo hizo con Adán y Eva (Génesis 3).

Si satanás pudo lograr que Adán y Eva perdieran su genuina identidad que ya tenían como hijos de Dios, también querrá hacerlo con nosotros. Si ya poseemos una identidad en Dios, nos la querrá arrebatar, y usará cualquier medio para lograr su propósito.

Con Adán y Eva usó la desobediencia a Dios. Aunque ellos antes de vivir en ese perfecto lugar nunca habían tenido una vida pasada así como nosotros la hemos tenido antes de conocer a Dios, aun así el enemigo logró hacerlos caer de la gracia en la que estaban.

Con nosotros no solo usará la desobediencia a Dios y a su Palabra, sino que también usará los recuerdos de las vivencias de nuestra anterior vida. Nos hará recordar para que retrocedamos y volvamos a la vida que habíamos dejado. Es por esa razón que la Palabra de Dios nos enseña:

"18. No os acordéis de las cosas pasadas, ni traigáis a memoria las cosas antiguas. 19. He aquí que yo hago cosa nueva; pronto saldrá a luz; ¿no la conoceréis? Otra vez abriré camino en el desierto, y ríos en la soledad".
Isaías 43:18-19

Si perdemos nuestra identidad, también perderemos la fe y asimismo podemos perder el propósito de Dios en nuestras vidas.

En el libro de Job (Job, capítulo 1 y 2), uno de los propósitos de satanás con Job fue que él se sintiera confundido como consecuencia de todo lo que estaba viviendo, pero Job no tuvo confusión o falta de fe en Dios, ¿por qué? Porque Job sabía quién era como hijo de Dios, Job sabía cuál era su posición ante Dios. Es por esa razón que Job adoró a Dios y lo bendijo.

"20. Entonces Job se levantó, y rasgó su manto, y rasuró su cabeza, y se postró en tierra y adoró, 21. y dijo: Desnudo salí del vientre de mi madre, y desnudo volveré allá. Jehová dio, y Jehová quitó; sea el nombre de Jehová bendito".
Job 1:20-21

Una de las mejores armas que los hijos de Dios podemos tener, es nuestra identidad.

Si conocemos el propósito de Dios para nuestras vidas, el llamado de Dios, si conocemos nuestra posición como hijos de Dios, satanás no podrá influenciarnos, confundirnos o engañarnos para hacernos caer.

Sabiendo todo esto debemos ser diligentes y poner de nuestro esfuerzo en la búsqueda de la voluntad de Dios y de nuestra identidad como hijos de Dios, para así estar más fortalecidos y cimentados en nuestra vida cristiana, y así no ser vencidos por el maligno.

"Sed sobrios, y velad; porque vuestro adversario el diablo, como león rugiente, anda alrededor buscando a quien devorar".
1 Pedro 5:8

El diablo quiere destruirnos, quiere que perdamos todo, pero Dios nos quiere perfeccionar y nos quiere dar una nueva y mejor vida.

"El ladrón no viene sino para hurtar y matar y destruir; yo he venido para que tengan vida, y para que la tengan en abundancia".
Juan 10:10

El diablo trabajará arduamente para quitarnos o impedir que tengamos una identidad como hijos de Dios; pero Dios trabajará para darnos una nueva identidad y una nueva vida con un nuevo y mejor propósito.

Capítulo 11
Nuestra identidad es una gracia de Dios

"*8. Porque por gracia sois salvos por medio de la fe; y esto no de vosotros, pues es don de Dios; 9. no por obras, para que nadie se gloríe*".
Efesios 2:8-9

La salvación que Dios da a todo aquel que lo ha recibido es un regalo de Dios, pero además de la salvación, Dios nos da muchas cosas más. Entre ellas está una nueva identidad, y esa identidad también es una gracia de Dios.

La identidad de un cristiano es dada por Dios, por su gracia. Nosotros solo tenemos que aceptarla y alcanzarla a través de nuestra fe, nuestra obediencia y perseverancia en Dios.

Una nueva identidad es algo que Dios quiere dar a todos sus hijos.

En el libro de Hechos capítulo 9, cuando vemos la conversión de Saulo de Tarso, Pablo, podemos observar que Dios transformó toda su vida y le dio una nueva vida, una nueva identidad. También podemos ver a los discípulos de Jesús, como cada uno de ellos fue transformado y llegó a ser una nueva persona con una nueva identidad.

La identidad es dada por Dios gratuitamente. Dios no quiere darnos únicamente bendiciones físicas o espirituales, como la salvación, el llamado que Dios tiene para cada uno de nosotros, o los dones espirituales, sino que también Él quiere darnos una identidad individual y única a cada creyente.

Si nos focalizamos mucho en las bendiciones materiales de Dios y no tomamos mucho interés en las otras áreas de nuestras vida, tales como el llamado de Dios, los dones espirituales, o aun nuestra identidad, podemos perder nuestro tiempo en cosas perecederas y retrasar, o más aún, no lograr obtener la nueva vida y el propósito que Dios tiene para nuestras vidas.

Si no tenemos claridad, si no hay seguridad, si no sabemos quiénes somos, cuál es nuestra posición en el cuerpo de Jesús, no nos sentiremos realizados, sino que nos sentiremos incompletos, vacíos.

Jesús no tuvo posesiones en este mundo, pero aunque en su vida natural no tuvo bienes terrenales, Él sabía cuá era su posición en los lugares celestiales, Él conocía su posición como Hijo de Dios. La identidad que Él tuvo no estaba basada en los bienes materiales que tenía, tampoco estaba basada en alguna posición o cargo importante, sino que su posición como Hijo de Dios y su identidad estaban basadas en lo que Él conocía que era ante los ojos de Dios.

Es muy importante llegar a tener nuestra propia identidad como hijos de Dios, y solo tenemos que alcanzarla por fe, y permitir que Dios por medio de Su Palabra y Su Espíritu Santo haga la obra y complete el cambio en nosotros.

"estando persuadido de esto, que el que comenzó en vosotros la buena obra, la perfeccionará hasta el día de Jesucristo;"
Filipenses 1:6

EL LIBRO DE LA IDENTIDAD

Este libro fue inspirado por el Espíritu Santo para edificar el cuerpo de Cristo

www.ingramcontent.com/pod-product-compliance
Lightning Source LLC
LaVergne TN
LVHW091934070526
838200LV00068B/1000